老後を生きる

「いのち」の修證

花村邦昭

三和書籍

まえがき

人生百歳の時代にあってＱＯＬを維持しながら長い老後を生きるのは高齢者にとって容易なことではない。

問題はその老後を単なる「余生」としてではなく天から与えられた貴重な「与生」「与命」としてどう生きるかである。

本書はその「与生」「与命」を「ありのまま」に「らしく」、「やわらぎ」をもって「たおやか」に生きようとしておられるであろう高齢者のみなさんへの応援メッセージである。

【目次】

第三部　「生きる証」　177

はじめに

人は今日は生きていても明日も生きているという保証はない、一瞬後には不慮の事故に見舞われるかもしれない、「生」はいつも「死」と隣り合わせである、そして死んでしまった後には何も残らない、人の「生」の前後にあるのはただ永遠の「無」、「人生」は当人が生きている限りで「有意味」なのであって死んでしまえばすべては「無意味」、「死」は究極の「無意味」である。

……果たしてそう言い切ってしまってよいだろうか。次のように考えられないか……

〈自分が生きているという事実によって自分の「生」は誰かの「生」に極微であれ何らかの影響を与えていないはずはない。自分の「死」後にあっても自分が「生」きた証は微塵であっても何らかのかたちでこの世に何かを残したはずである。人は誰しも独りで生きているのではない。多くの人たち（死者も含めて）に支えられて今日という日を、「いま」という「とき」を生かされている。この世に孤立して存在するものは何一つない。自分とこの世の諸事象とはすべて繋がっている。自分の「生」前と「死」後も「いま」のこの「とき」に包摂されて一つである〉。

こう考える背後には次のような世界認識がある。

〈私の「生」は「宇宙摂理」のハタラキのうちにある。「宇宙摂理」はいつも・どこでもハタラキ続ける宇宙生成エネルギー、すなわち「宇宙生命」の永遠のダイナミクスそのものである。「宇宙生命」の極微の分有体が私というこの「いのち」であり、私の「生」はその「宇宙摂理」「宇宙生命」のこの世への「化現」である。私の「死」は「宇宙摂理」「宇宙生命」への「帰入」＝「還帰」であり、「遷化」＝「往生」である。私の「生・死」は「宇宙摂理」「宇宙生命」と融即一体である。そのことの「修證」、それがすなわち私が「生きる証」にほかならない。かくして私の「いのち」は「宇宙摂理」「宇宙生命」とともに永遠である〉。

本書では、高齢者を念頭に置きながら、人一般にも視野を広げて、この「生きる証」について考える。

本書は三部からなる。

第一部「「宇宙摂理」のハタラキ」……この世に存在するものはみな「宇宙摂理」のハタラキに内属するもの同士だという共通認識を人は「霊性的直覚」によって「洞察力」を以っ

て全身体レベルにおいて体認する。その体認をもとに、人は自身が現に生きているこの世界を理解するうえでの「視座」を獲得する。「融解生成」「情理融合」「融通無碍」「融即帰一」の「融」を生きる「視座」である（「第一章」）。

「視座」の獲得はおのずから「宗教的心性」の覚醒に繋がる。それによって人は領域横断的な幅広い「視界」を得ることができ、現実世界に主体的にどう立ち向かうかの「基本姿勢」を「覚信力」を以って自己確認する。すなわち「宇宙摂理」のハタラキの体得である（「第二章」）。

「第二部」「ニュー・ジェロントロジー」……「宇宙摂理」のハタラキの体認・体得は日常的実践へと具現化される。「社会的公共財」として自身を社会的現実へとどう自己投企するかである。そこには「宇宙摂理」のハタラキを「自恃・自矜」「信」を以って自ら体現することの「満足」がある（「第三章」）。

そして、その体認・体得・体現がわが国の文化的伝統の正統な継承にいささかなりとも繋がっていると自認できたとき、高齢者は自身が「宇宙摂理」のハタラキと共振・響応・融合する存在であることの「愉悦」を覚える（「第四章」）。

「第三部」「生きる証」……「満足」「愉悦」はおのずから視線を自己の内面へと向け変え

させる。その視線転換は自らの「いのち」の修證へと繋がる。そこに高齢者は「宇宙摂理」のハタラキと共振・響応・融合することの「悦楽」を覚え、それをもとに「ありのまま」に「らしく」、「やわらぎ」をもって「たおやか」に生きていく（「第五章」）。

「いのち」は「死」に連接しており、「死」と重なり合っている。その「死」をどう自己内在化させて生きるか、「生」の同伴者である「死」にどう向き合って生きるかは「老後を生きる」高齢者にとって窮極の問いとなる。「死」についてはわれわれ生者はせいぜいのところ「他力即自力＝自力即他力」を恃んで「死生一如＝生死一如」の「覚り」の境地を如何に修證するかを自問しつづけることしかできない。しかし、凡人たるわれわれにはそれにも限界がある。われわれは「死」を実体験することはできないのであるから、そこには「死」とは何かについての永遠の〈問い〉があるばかりである。高齢者が自問するのは「死」を自己内在化させつつ、「いま」の「いのち」のこの「とき」を如何に生きるかである。目指されるのは「宇宙摂理」のハタラキとともにある「常楽」の境位である（「第六章」）。

本書を一貫するのは「宇宙摂理」のハタラキである。その「体認」（「第一章」）、「体得」（「第二章」）、「体現」（「第三章」）、「宇宙摂理」のハタラキと共振・響応・融合する存在であることとの「愉悦」（「第四章」）、それと共振・響応・融合することの「悦楽」（「第五章」）、それとともにあることの「常楽」（「第六章」）である。

以下、用語解説を兼ねていくつかの項目について予め若干の補足説明をしておく。

「ありのまま」「らしく」「やわらぎ」「たおやか」

わが国の「文化的伝統」の古層にはすべてを「ありのまま」に「らしく」受け入れる「やわらぎ」のある「たおやか」さがある。そこには「宇宙摂理」のハタラキに即してわが身を処する「かたち」の優しさ、麗しさがある。「老後を生きる」ことの要訣がここにある。

たとえば、わが国最古の歴史書・文学書である『古事記』は、その天地開闢神話で「清陽なるもの」と「重濁れるもの」の併在とその間での「州壌の浮漂」を歌う。「麗しき美人」のコノハナサクヤヒメと「いと凶醜き」イハナガヒメの間の二律背反的相補性、「葡萄ひ委蛇」うトヨタビメと「美麗しき威儀」のヤマトトトヒメの間の美醜・麗威の兼帯などが語られる。各人のココロにもキヨキアカキココロとキタナキココロとの相伴・相克がある。これらに共通してあるのは〝矛盾的自己同一〟である。日本的感性の原点である『万葉集』でも同じである。そこでは「清けき・常なる・聖なるものとしての自然」への没入と「水沫のごとく空しき・常なき・悲しきものとしての世間」への拘わり、「ますらを」振りと「風流士」振りの共在など、相対極するものの間を大きな振幅をもって揺れる情感が豊かに詠われる。日本最初の歴史思想書と言われる『愚管抄』も、「ひが事もまた〈ひが事の道理〉」があるのを認め、それもまた「自然法爾」に移りゆく「時運」の然らしむるところとの認識がある。歴史とは、人間の〝はからい〟を超えた普遍的原理であると同時に、「滅罪生善」・「遮悪持善」などの〝うながし〟に充ちた日常の「場」でもある（以上、相良亨『日本思想史入門』より）。

この逆対応世界を「ありのまま」に「らしく」、「やわらぎ」をもって「たおやか」に生きることこそわが民族の精神的源基なのだと言ってよい。

「宇宙摂理」のハタラキ

「宇宙摂理」のハタラキをどう理解するか、たとえば8世紀インドのシャンカラ哲学「不二一元論」における「ブラフマン（梵）」はその端的である。

仏教の「冥」あるいは「空」、すなわち「無限の豊穣を内包した絶対無」も「宇宙摂理」のことと解することができる。儒教（古代中国）の「天」「道」、道教の「タオ」、老子の「無明」、荘子の「渾沌」もそれを謂う。

古代ギリシアにその例を捜せば、たとえばアナクシマンドロスの「ト・アペイロン」（無限なる者）、ピタゴラスの「非限定者」、デモクリトスの「非分割者」、アナクサゴラスの「種子」（無限小微粒子の原初的混沌）、これらは物質を構成する究極の原素・実体は何かについての言説であるが、それを尋ねて至り着く窮極が「宇宙摂理」なのだと解することもできる。クセノファネスの「一・即・全」、ヘラクレイトスの「一者即一切者の渾然たる全体」、パルメニデスの「存在の一なる充溢」、ソクラテスの「ダイモーンの声」、プラトンの「無規定な質料」「コーラ（場所）」、アリストテレスの「デュナミス（潜勢態）」などもそれに連なるであろう。

西欧近現代の例では、たとえばスピノザの「神＝自然（全宇宙）」、フィヒテの言う「すべてを顕われさせるがみずからは隠れる〈光〉」、フッサールの「その背後に遡れないものとしての〈現（Ｄａ）〉」、ハイデガーの「存在の根源」「隠された存在」「根源的な隠れ」「深淵」など、ヤスパースの「包括者」、メルロ＝ポンティの「存在のエレメント」、ユングの「広大無辺の原始の闇」「根源的イメージの総体」、レヴィナスの「つねにそこから脱出しそこへと回帰する存在の無限性・無起源性としての〈イリヤ〉」、ヴァレリーの「ある厖大な眼に見えない体系」「無数の根の結合」「何物とも対立せず、何物をも拒否せず、何物にも似ていないもの」、などもその系列において理解することができる。（以上は『神秘哲学』ほか『井筒俊彦著作集』〈中央公論社〉を参照)。

「宇宙」と「人間の歴史」との関わりを説くトインビー(『一歴史家の宗教観』〈社会思想研究会出版部〉)が言う「一つの非人格的な法則に支配された循環的な運動としての宇宙の律動」はわれわれの言う「宇宙摂理」のハタラキのことと解し得る。トインビーによればそれは端的に〝愛〟である。「宇宙の律動」に則って生きること、それは「神の愛」「仏の慈悲」に生きることである。人間の歴史は「相剋しつつしかも不可分なもろもろの対立物の人間性における逆説的統一」、すなわち「自我中心的欲求を消滅せしめ、あらゆる代価を支払っても献身的欲求の道に進もうとする闘争」の歴史である。これも本書で言う「供犠・贈与・謝恩・奉仕」=「相互和合・相互信頼・相互理解・相互支援」の精神=所業に通じる。それは「どんなに高くつこうとも愛の道を歩むために支払う代価としては高すぎるものではない」。「あらゆる善のうちの最大なるものは、悩みからの解放ではなくて愛であるから」。

わが国の例では、空海にとって宇宙の絶対的主体(根源的存在=大我)たる法身大日如来は「宇宙摂理」であり、その法身大日如来(大我)のコトバ(身・語・意のハタラキとしての「真言」)は「宇宙摂理」のハタラキにほかならない。近世・近代を例にとれば、藤原惺窩・林羅山に連なる朱子学での「宇宙万物の究極的根源としての太極=理」、安藤昌益の「自(ひと)り然(す)る自然」、芭蕉の「造化」、本居宣長の「よにすぐれて可畏き物」「迦微《カミ》」、折口信夫の「常世（異界）」、西田幾多郎の「場所」「無底の底」、鈴木大拙の「大地」、田辺元の「純動体」、井筒俊彦の「存在の太源」等々、……挙げれば切りがない。すべてが「宇宙摂理」についての言説と云うわけではないにしても、すくなくともわれわれがそれをイメージするうえでの援けとなる。

この無窮無辺の「宇宙摂理」のハタラキ、それは「宇宙生命」の渦巻く根源的な〝いのち〟の深層次元である。われわれはそこから不断に〝生のエネルギー〟を備給され、それによって「いま」のこの「いのち」の「とき」を生かされている。われわれにできることは、それに包まれそこに響いている豊穣の声に「こころ」の耳を傾けること、それが奏でるリズムに全身体的に共鳴・共振・響応することだけである。「老後を生きる」高齢者は「こころ」を澄ましてそれぞれに「いのち」の詩を詠って「いま」のこの「とき」を生きている。

われわれは「宇宙摂理」について日常言語をもって語ることにはもともとムリがある。それは原初的「無」（無限の豊穣）であって言説化しようとした途端にそれはもはやすでに日常世界へと仮現化されてしまうからである。かくして「宇宙摂理」のハタラキをこの世へとどう映現せしめるかはわれわれにとって永遠の課題でありつづける。

西田幾多郎の「場所」

西田の言う「絶対的一者」「絶対無」は「宇宙摂理」のことと解することができる。その「絶対的一者」「絶対無」をこの世へと「媒介」（自己限定）するのが西田の言う「場所」である。その「場所的限定」（自己限定）によって「全（一）」（＝「宇宙摂理」のハタラキ）を映し出す「個物（多）」が可能になる。つまり、この世に存在するすべて（「個物（多）」）は「宇宙摂理」のハタラキの自己限定（現れ）だということである。「絶対的一者」とそれを「個物（多）」へと「媒介」する「関係の場所」の「あり様」を西田は「絶対無の場所」と呼ぶ。そして、この「絶対無の場所」においてこそ「神が我々の自己に心霊上の事実として現れる」と言う。「絶対的一者」とそれを「個物（多）」へと「媒介」する「絶対無の場所」において「神」を「心霊上の事実として現れ」させるもの、それが本書で言う「霊性的自覚」「宗教的心性」である。西田の「絶対無の場所」はわれわれの言う「宇宙摂理」であり、「宇宙摂理」のハタラキは西田の言う「神」である。

西田幾太郎は『善の研究』において次のように言う。「倫理」や「道徳」は「知的直観」によって把握される「直覚的経験の事実」である。「知的直観」とは、「自覚の最高形態」であり、意志的で実践を喚起する力をもつ「根本的直覚」である。有限の「個」的存在である人間にその「覚知」が可能なのは、自然・宇宙・無限・神へと一貫する「統一力」

に人間の精神的統一力である「意志」が合致するからである。それは同時に「共同意識の意志」（家族・企業・国家・さらには人類のそれ）の発展完成である。「独立自全なる実在の体系」としての自己は、「主客相没し物我相忘れ天地唯一実在の活動」と合一して「善行の極致に達するのである」。したがって西田は言う、「実地上真の善とは唯一つあるのみである、即ち真の自己を知るといふに尽きて居る。我々の真の自己は宇宙の本体である。真の自己を知れば豈に人類一般の善と合するばかりでなく、宇宙の本体と融合し、神意と冥合するのである。宗教も道徳も実に此処に尽きて居る。而して真の自己を知り神と合する法は、唯主客合一の力を自得するにあるのみである。これが宗教道徳美術の極意である」（西田『善の研究』）。かくして人間の「倫理・道徳」は、「宇宙の内面的統一力」、「宇宙的精神」、「実在の統一者」である〈神〉そのものに帰依する「根源への回帰と自己の理想的境位への飛躍完成」とを同時に意味するものとなる。〈神〉は「宇宙の根底に於ける一大知的直観」であり、「宇宙を包括する純粋経験の統一者」であるから、「我々の意識は神の意識の一部」となり、「その統一は神の統一」と完全に合致するに至る。ここにおいて個の「倫理・道徳」は社会的正義、つまり社会的一般的「倫理・道徳」と矛盾なく直結する（々）。

西田の言う「宇宙の本体」「神」「神意」はわれわれの言う「宇宙摂理」であり、「真の自己を知る」は「宇宙摂理」のハタラキである。なお、八木誠一は西田の「絶対無の場所」「宇宙の本体」のことを端的に「場」と言い、それを個物（多）へと媒介するハタラキを「場所」とする。「神は場で人間は場所で、神というのは人間がそこに置かれている場であり、人間というものは神の働きが宿り実現する場所である」（『場所論としての宗教哲学』〈法蔵館〉参照）。

ビッグバン１３８億年以前に「宇宙」は存在したのか、「宇宙」の果てはどうなっているのか、それは完全に「無」の世界なのか、この「宇宙」のほかに「並行宇宙」「多元宇宙」が存在するのか、……など宇宙物理科学上の問いがあり得るが、いずれであれ本書はそれらもまた「宇宙摂理」のハタラキに包摂されるものと解する。本書に一貫するのは〈この世界に存在するものはすべて「宇宙摂理」のハタラキに内属するもの同士〉との共通認識のもとで、〈われわれの「いのち」における「宇宙摂理」のハタラキの諸相〉を高齢者（人一般も含めて）の立場から省察することである。

なお、「宇宙摂理」のハタラキをそのまま無媒介的に人倫的規範に結びつけるとそれは朱子学（「天道即人道」「天人合一」）のように体制イデオロギーとなる（同時にそれは反体制イデオロギーにもなり得る）が、本書では「宇宙摂理」のハタラキを宇宙物理科学次元で捉えるのでそれ自体が人倫（人間の日常）を無媒介的・即自的に規範化するイデオロギー（ドグマ）となる回路は初めから遮断されている。「宇宙摂理」のハタラキは万物万象に通貫するが、それが人間の意識世界に〈立ち現れる〉のはあくまでも「自己」なる存在における脱自的次元においてである。

朱子学と「宇宙の理法」

朱子学は「宇宙と人間を貫通する形而上学」を樹立し、「宇宙の理法と人間道徳とが同じ原理で貫かれているとする天人合一」思想を説く。〈天理＝天道〉即〈人倫＝人道〉である。先ずは「天地万物を超越した究極的根源」として「太極＝理」が措かれる。「万物の統体は一太極であり、一物ごとに一太極が宿る」とされる。「太極＝理」は人間に宿って「本然の性」となり、「本然の性」は「気」の作用により「気質の性」となる。この「理・性・気」の根柢には「宇宙の理法」がある。丸山真男は言う「超越性と内在性、実体性と原理性とが即自的に（無媒介に）結合されるところに朱子学の特徴が見出される」。

われわれの言う「宇宙摂理」もすべての人間事象に「内在する」という意味では「宇宙の理法」と通底するが、しかしそれは、宇宙物理科学的範疇に属する「自然摂理」として万物を貫通するのであって、朱子学のように「人倫規範」と即自的（無媒介的・直接的）に連接されることはない。「宇宙摂理」のハタラキに包摂された存在として「自己」なる存在がそれぞれに把持する「倫理道徳規範」を自己反照的・相互反照的にどう匡すか、それはあくまでも各人それぞれの「生き様」「あり様」「生きるかたち」に関わる事柄であって、そこに「宇宙摂理」の無媒介的・即自的差配があるわけではない。

カントの場合

カントはその『宗教論』で言う。「誰でもそれを顧慮することで神の意志を知るところの善い行状を通じて神意に適うように努力する者が、神の求める真の尊崇を神に捧げる者であろう」、「人間が神意に適うようになるために善い行状以外になおなしうると信ずる一切はたんなる宗教妄想であり、神への偽奉仕である」。つづけてカントはこう言う、「（神の）恩寵がいつ、何を、どの程度に、われわれのうちで作用するかは、われわれにまったく隠されており、理性はこの点に関して超自然的なもの一般の場合と同様に、それが生ずべき法則のあらゆる知識から見放されているのである」、問題は「むしろ徳から恩寵を受けることへとむかうのが正道である」（カント全集第九巻「宗教論」〈岩波書店〉）。

このカントの言でのポイントは如何にして「それを顧慮することで神の意志を知る」かにある。カントの〈それ〉はわれわれの言葉に言いかえれば〈「宇宙摂理」のハタラキ〉のことであり、〈神の意志を知る〉は〈「宇宙摂理」のハタラキに内属することの体認〉である。〈善い行状を通じて神意に適うように〉〈徳から恩寵を受けることへ向かう〉はわれわれの言葉では〈自己覚醒した「宗教的心性」を通して自己確認した「基本姿勢」を以って「宇宙摂理」のハタラキの世界に立ち向かう〉である。立論の仕方に多少の違いはあっても言っていることはわれわれと同じである。

つまり「宇宙摂理」のハタラキとの一体的共振・響応・融合のなかで、「宇宙摂理のハタラキ（「神意」…隠されていて理性では捉えられない）に適うべく（あらゆる知識から見放されていることを承知のうえで）わが身を匡すなかで、人は「宗教的心性」に覚醒し、この世に処する「基本姿勢」を改めて自己確認するのである。そこには往相即還相の回路往還があるばかりである。

「霊性的直覚」「宗教的心性」

人は「宇宙摂理」のハタラキを「霊性的直覚」（『日本的霊性』鈴木大拙）によって体認す

る。「霊性的直覚」とは「宇宙摂理」「宇宙生命」のハタラキとの全身体レベルでの共振・響応・融合体験である。

鈴木大拙によれば「霊性的直覚」とは〈即非即是的自己超越〉による世界把握である。〈即非即是〉とは〈AはAではない、ゆえにAである〉という自己超越の論理である。この〈即非即是〉に媒介されることで人の「いのち」は「宇宙摂理」「宇宙生命」のハタラキと融即的に一つであることを人は覚知する（「即非般若、即是般若」）。〈即非即是〉には「宇宙摂理」のハタラキへの「洞察」がある。人が「宇宙摂理」のハタラキと共振・響応・融合し合ってどう生きるかの「視座」を獲得するのはその「洞察力」によってである。

そして、その全身体レベルでの共振・響応・融合体験が意思（意想・思念）レベルにおいて受けとめられたとき人は「宗教的心性」に覚醒する。「宗教的心性」とは「精神の意志力」（鈴木大拙）としての「覚信力」のことである。その「宗教的心性」の覚醒によって獲得された領域横断的な広闊な視界のもとで、人は日常の複雑事象にたいし主体的・能動的にどう対処するかの「基本姿勢」を自己確認する。

つまり、「霊性的直覚」とは「宇宙摂理」のハタラキを「洞察力」を以って全身体レベルで受動的に体認することでこの世に立ち向かう「視座」を獲得する「認識判断」であり、「宗教的心性」とはそのことを意思（意想・思念）レベルで受け止めたとき自身がこの世にどう対処すべきかの「基本姿勢」を「覚信力」を以って能動的に自己確認する「意思判断」である。

「認識判断」と「意思判断」

「霊性的直覚」による「宇宙摂理」のハタラキの体認、およびそれによるこの世に立ち向かううえでの「視座」の獲得は、いま現に「生かされてあること」に関わる自身の受動的「認識判断」(「洞察力」による)である。一方、「宗教的心性」の覚醒によって獲得される領域横断的な広闊な視界の下での世に処する「基本姿勢」の自己確認は、「いま」この「とき」をどう「生きる」かに関わる自身の主体的・能動的「意思判断」(「精神の意志力」としての「覚信力」による)である。この「認識判断」=「意思判断」はあたかもスピノザの「第三の認識」(「直観知」)による世界理解のごとくである。人はこの「第三の認識」(「直観知」)を獲得することで「有限なものと無限なものとを結びつけて把握する」(スピノザ)ことができるようになり、自己の内なる「いのち」と久遠無窮・広大無辺の「宇宙生命」の〝いのち〟のダイナミクスとの共振・響応・融合を超理性的に覚知できるようになる。

スピノザは『エチカ』のなかでこう言う、「すべて在るものは神の内に在る」、「神とは、絶対に無限なる実在、言いかえればおのおのが永遠・無限の本質を表現する無限に多くの属性から成っている実体」、「実体とは、それ自身のうちに在りかつそれ自身によって考えられるもの、言いかえればその概念を形成するのに他の概念を必要としないもの」。このスピノザの「神」「実体」をわれわれの言葉に置きかえれば「宇宙摂理」「宇宙生命」となる。われわれ一人ひとりは「宇宙摂理」「宇宙生命」（スピノザの言う「神」「実在」）のハタラキの内にあってその極微の分有体同士であり、その「無限に多くの属性」のうちの一片である。

領域横断的な広闊な視界

「宗教的心性」の覚醒によって「宇宙摂理」のハタラキの世界と現実の生活世界の両界を同時に視野に収める領域横断的な視界が獲得される。たとえば「三論宗」「成実衆」「法相宗」などで言う「真俗二諦・真俗相依」の世界把握もそうである。日本最古の哲学者である空海の思想においても、官と私、高尚と卑俗、理性と感性など、相対立する視点を超えた領域横超的な視点が示される。それは同時に、われわれが棲み込む生活世界の全域を一挙に視野に収める領域横断的な視界の獲得でもある。それによって「公共生活圏」（「家族生活圏・近隣生活圏・組織生活圏・仲間生活圏」）を生きる「公共生活者」は「英知公共圏」を生きる英知存在（「英知公共人」）へと創発する。

第一部

「宇宙摂理」のハタラキ

この世に存在するものは有機物・無機物を問わずすべて「宇宙摂理」のハタラキのうちにある。人の「生死」も「宇宙摂理」のこの世への化現（仮現）であり、そのいっときの仮象が私の「人生」にほかならない。

このように理解するなら、人は誰しも自分が孤立した存在ではなく互いに「宇宙摂理」のハタラキに内属するもの同士だとの共通認識を「霊性的直覚」をもって全身体レベルにおいて体認することができる。すなわち、すべては「宇宙摂理」のハタラキに「摂取」されており、自分のいまのこの「いのち」も「宇宙生命」の超微分的ハタラキ以外の何ものでもないということ、言いかえれば、われわれは「宇宙生命」の極微の分有体同士だということを「霊性的自覚」によって覚知し、それによって人は自分が棲み込むこの世界を理解するうえでの「視座」を獲得し、世界の枠組み（世界の「成り立ち」「あり様」、その「見え方」「捉え方」）を「会取」する。なおその際に留意されるべきは「視座」は往々にして偏倚した膠着観念によって歪まされる惧れがあるということである。「宇宙摂理」「宇宙生命」のハタラキに内属しているとの「認識判断」がその偏倚や膠着からわれわれを免れさせる（「第一章」）。

しかしこの「認識判断」にしてもなお場合によっては自己疎外感が残る（単なる「自己満足」ではないかという強迫観念なども含めて）。「認識判断」が自身の「意思判断」にまで高められるとき自己疎外感や強迫観念は超克され、高齢者はそこで改めて「宗教的心性」に覚醒する。それによって高齢者は領域横断的な広闊な視界を得ることができ、従来の枠組みを超え出て現実世界の諸相へと立ち向かう「基本姿勢」を自己確認する（「第二章」）。

先ず「宇宙摂理」のハタラキとの共振・響応・融合を全身体レベルにおいて体認する「霊性的直覚」から見ていく。

第一章「霊性的直覚」を生きる

「宇宙摂理」のハタラキを体認するのは「霊性的直覚」によってである。「霊性的直覚」によって人はこの世に立ち向かううえでの「視座」（自身の立ち位置）を獲得する。その霊性的世界認識の次第、「視座」獲得の次第を以下、高齢者を念頭に置きつつ人一般の「あり様」にも視野を広げて見ていくこととする。そこにあるのは人間にとって最高の英知というべき「洞察力」である。

霊性的世界認識

「霊性的世界認識」の例を『華厳経』をはじめとする「華厳哲学」に採って、その機序（エートス）を本書の論旨に近づけて要約すれば次のようになる。

〈この世に孤立して存在するものは何一つない。すべてはすべてと繋がっている。

「重々帝網」、「相即相入」、「一即多・多即一」、「一中多・多中一」である。そこにあるのは「宇宙摂理」のハタラキと融即する「体（からだ＝いのち）・用（はたらき＝こころ）」一元の統握的無限連鎖である。「重々帝網」とはすべてがその相互生成的無限連鎖のうちにあるということであり、「相即相入」とはわれわれの「体・用」は「宇宙摂理」のハタラキと融即して一つだということである。「一即多・多即一」とは「体」の側面から、「一中多・多中一」とは「用」の側面から、その「体・用」一元のハタラキを「霊性的直覚」において包握的・一挙的に捉えることである。人は「宇宙生命」の分有体としてそれぞれの「いのち」を生かされている。「宇宙生命」はいわば「無の場所」（言いかえれば「無限に豊穣な場所」）である。その「無の場所」が自らを裂開させて〝わたし〟という「場」を現出させる。「無の場所」は〝わたし〟という「身体場」となってこの世に自らを開顕するのである。かくして〝わたし〟は「宇宙生命」の輝きをわが「身」に映すことで自らの「いのち」を輝かせ、われわれは互いに互いの輝きを映し合うことでそこにまたひと際の光彩を添え合う。すべてはすべてと映発し合って間然するところがない。そういう意味で、人は「重々無尽の縁起の世界」を生きる、「総―別」・「同―異」・「成―壊」の六相円融を生きる存在者である。「総は即ち一舎、別は即ち諸縁、同は即ち互いに相違せず、異は即ち諸縁格別、成は即ち諸縁果を弁ず、壊は即ち各々自法に住す」

である。すべては相互生成し合って一つである。〉

「華厳哲学」は宇宙万物の根源に「一」なる「全」（すなわち「宇宙摂理」のハタラキ）を描く。「全」に内属する「部分」同士が相互映発し合うことを通してそこに互いの「差異」（個別）を相互生成し合い、その相互映発的生成から十全なる「一」が「修證」されるとする。この世の事象はすべて「一」なる「宇宙摂理」のハタラキであり、「一」なる「宇宙摂理」の顕現である。ここにあるのは「一即一切・一切即一」・「一入一切・一切入一」の「無礙自在」「事々無礙法界」の華厳世界である。〈全・一〉なる現動体から〈個・部分〉が映発し、その相互映発から〈全・一〉が映現する。そこから華厳独特の「修証一等」、「信満成仏」、「初発心時・便成正覚」の修道論へと繋がる。華厳哲学が説く「重々帝網」「相即相入」「六相円融」の世界把握、「一毛孔に全宇宙が具わり、一塵に全宇宙が宿る」とする華厳一乗の世界観がこれである。

考え方を整理するために〈図1〉に示すような図式を採用する。この四象限構図において人は「宇宙摂理」のハタラキとの共振・響応・融合を「霊性的直覚」によって全身体レベルにおいて体認する。（この四象限構図は本書の以下の記述に共通する）。

その体認の次第は四つの局面からなる。すなわち、

①「こころ」……この世に存在するものはすべて「融解生成」の相にあることを人は「こころ」の次元で覚知する、

②「身わけ」……身体場を介して世の複雑事象を分節化する人間的営為、すなわち「身わけ」によって人は世界を「情理融合」の相において把捉する、

③「身行」……人は自身の日常における諸々の「身行」（行為・所作・振舞い）を通して「融通無碍」の「あり方」を自己生成していく、

④「覚り」……最終的に到達するのは「融即帰一」、すなわち世にあるものすべては「融即」し合って「宇宙摂理」のハタラキへと「帰一」するという「覚り」の境位である。

この四局面において、人は自身が「宇宙摂理」のハタラキによって生かされている存在であることを全身体レベルで体認する。その体認にあたって大切なのはそこにおいて自己定立した「視座」が偏倚知見や固定観念によって歪んだり固着したりしないようそれをつねに「融解・融合・融通・融即」の「融」状態に保つことである。

〈図1〉

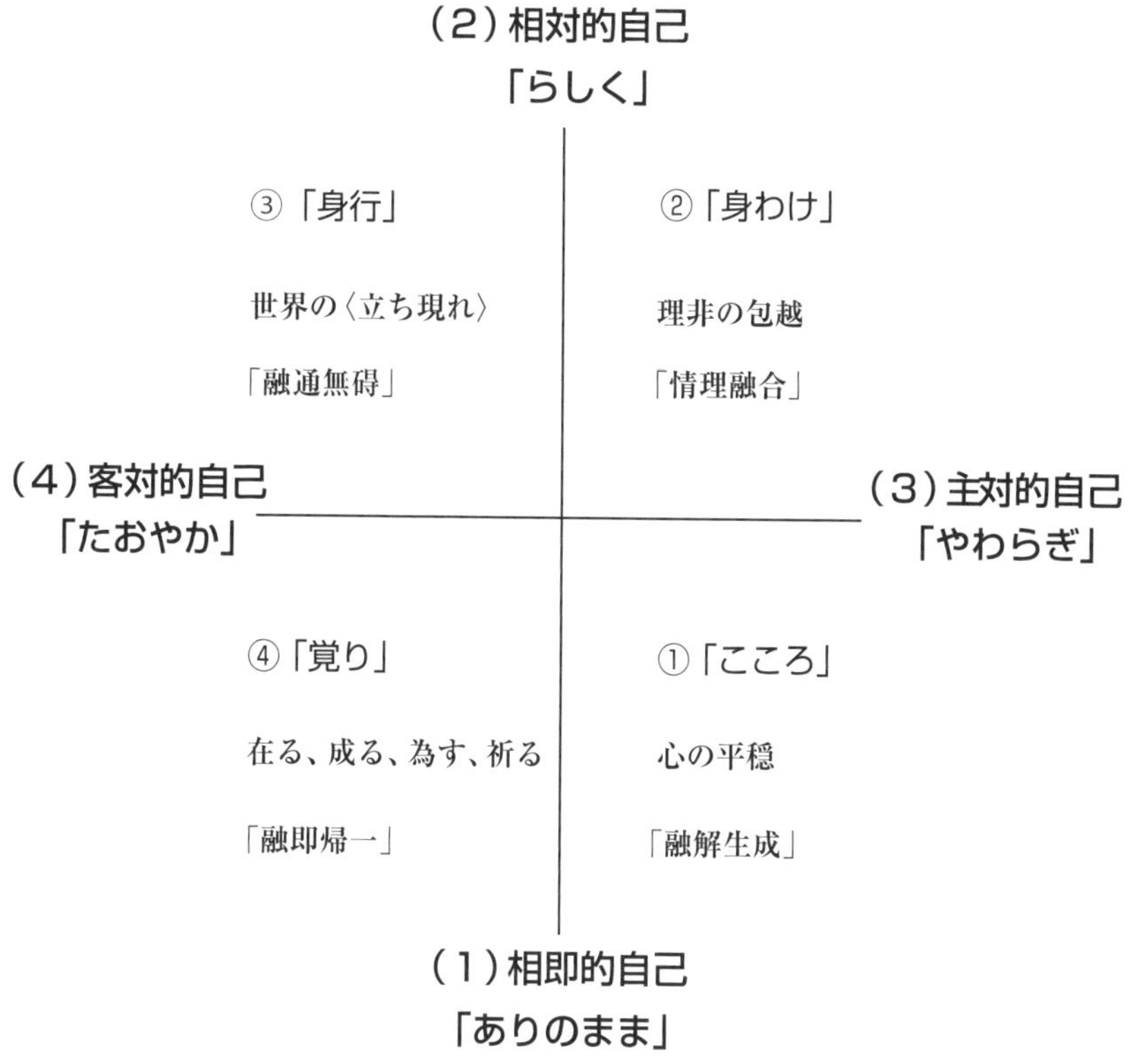
(2)相対的自己
「らしく」
③「身行」
世界の〈立ち現れ〉
「融通無碍」
②「身わけ」
理非の包越
「情理融合」
(4)客対的自己
「たおやか」
(3)主対的自己
「やわらぎ」
④「覚り」
在る、成る、為す、祈る
「融即帰一」
①「こころ」
心の平穏
「融解生成」
(1)相即的自己
「ありのまま」

（1）〈相即的自己〉とは〈自己〉に相即して、つまり〈自己〉を見失うことなく「ありのまま」に生きること、
（2）〈相対的自己〉とは〈自己〉に相対して、つまり〈他者〉を見失うことなく時と場に応じてそのつど「らしく」生きること、
（3）〈主対的自己〉とは〈自己〉にたいして主対的に、つまり成り行くダイナミクスのなかにあって「やわらぎ」をもって生きること、
（4）〈客対的自己〉とは〈自己〉にたいして客対的に、つまり周りに気配りしつつ「たおやか」に生きること、である。

この四軸座標系で形成される、①「こころ」、②「身わけ」、③「身行」、④「覚り」の各象限を人は多様・多重に相互調整しながら生きている。この全域に一貫するのは「宇宙摂理」のハタラキとの共振・響応・融合である。簡単に説明すれば、
①「こころ」とは、自身が「宇宙摂理」のハタラキによって生かされている存在であることを〈自己〉の深い次元で体認する、その深層体認の「抜き」の「場」のことである。
②「身わけ」とは、〈自己〉なる存在の身体場にあって「宇宙摂理」のハタラキに即して生きるとはどういうことかを如実に体認する、その全身体的体認の「展き」の「所為」のことである。

③「身行」とは、〈自己〉なる存在が生活世界へと立ち向かう実践の場で、自身が「宇宙摂理」のハタラキによって貫かれた存在であることを改めて体認する、その実践的体認の「啓き」の「所行」のことである。

④「覚り」とは、〈自己〉なる存在が「宇宙摂理」のハタラキと共振・響応・融合し合う存在であることを体認する、その根源的体認の「開き」の「境位」のことである。この四象限座標系での①「抜き」、②「展き」、③「啓き」、④「開き」の四相は以下の本書の記述に共通する。

〈自己〉と〈他者〉

〈自己〉なる存在は〈他者〉との向き合いのなかで鍛えられる。〈自己〉は〈他者〉の視線へと自らを映現させ、〈他者〉からの視線照射によって〈自己〉像を映発させる。すなわち、〈他者〉と正対する場で〈他者〉から見られる存在としての自覚が生じたとき、その自覚をもとに〈他者〉へと〈自己〉の視点を外在化させて〈自己〉の〈他者〉への見え方を反省的に参看し、そこに写映《うつ》された〈自己〉像をさまざまに補正しながら生きていく。これは同時に〈自己〉に写映された〈他者〉像を共時的に補正するという心的過程も含んでいる。人はこの〈自己〉によって構成される四象限座標系をさまざまに自己編集しながら生きているのであるが、その相関調整プロセスのなかで〈相即的自己〉〈相対的自己〉の「あり様」、〈主対的自己〉〈客対的自己〉の「生き様」が会得される。

なお、この座標系の背後（根底）には〈「個」〜「個人」統合人格〉を目指して〈〜〉の矛盾葛藤を生きている〈自己〉がいることを忘れてはならない。この点については「第五章」「第六章」で取り上げる。

以下、本図にしたがって高齢者（人一般も含めて）が世に処するうえでの「視座」（自身の立ち位置）獲得の次第、「霊性的世界認識」の「あり様」について見ていく。

①「こころ」―「融解生成」（「抜き」の「場」）

「宇宙摂理」のハタラキとの共振・饗応・融合は先ずは「こころ」の「抜き」の「場」において「霊性的直覚」によって体認される。そこは「やわらぎ」と「ありのまま」とが相互生成し合う「場」である。

心の平穏

「宇宙摂理」のハタラキとの共振・響応・融合を「霊性的直覚」によって体認するには先ずは「こころ」の「抜き」の「場」が散乱することなく平穏に保たれねばならない。

「場」とは各個々人の「身体場」であると同時にそれが他者のそれと統摂されることで協同的に生成される「生活場」でもある。そこは「こころ」の「抜き」の「場」であり、そこが平穏に保たれていてはじめて人は「霊性的直覚」によって「宇宙摂理」のハタラキとの共振・響応・融合を体認することができる。

心の平穏とは、「こころ」に内発自生する〝揺らぎ〟（それは「宇宙摂理」のハタラキとの共振・響応・融合である）にたいし寛闊に適応する機序がそこに働いているということである。その機序について以下すこし詳しく見ていく。

自己内部で自生する〝揺らぎ〟（外部から加えられた〝摂動〟も「身体場」（心）に取り込まれて内部の〝揺らぎ〟となる）によって「身体場」（心）には人間力エネルギー（「情動」や「欲求」、大局的に見れば「宇宙摂理」のハタラキの「身体場」（心）への映現）に密度勾配（濃淡傾斜）が生じる。その密度勾配（濃淡傾斜）は、それによって引き起こされるエネルギー流によってやがて平準化され「身体場」（心）はふたたび定常状態を回復する。そのような寛闊性を把持するには「身体場」（心）はつねに「非平衡定常状態」（つまり平穏）に保たれていなければならない。それが可能なのは人間力エネルギーの映現回路が稠密自在に「身体場」（心）全域にあまねく「披かれ」ていればこそである。そうであってはじめて「身体場」（心）はいかなる〝揺らぎ〟にたいしてもつねに最適適応ができる「ありのまま」なる「非平衡定常状態」に把持され、次々に発生する〝揺らぎ〟を速やかに拡散したり、散逸させたり、あるいは選別吸収したりしながら、次々に発生するであろう有意味な〝揺らぎ〟に備えることができる。心の平穏とはこの「非平衡定常状態」にある「こころ」の「披け」のことである。本書で言う「宇宙摂理」のハタラキとはこの「非平衡定常状態」における〝揺らぎ〟の「身体場」（心）の活性のことだと捉え直すこともできる。その活性をわが「身体場」「生活場」において、つまり「こころ」において把持することがすなわち「霊性的自覚」を生きるということである。高齢者はその「場」（「宇宙摂理」のハタラキの活性の「場」）に即してわが「こころ」（「身体場」、「生活場」）がつねに「ありのまま」なる「非平衡定常状態」に保たれるよう自己調律して生きている。その自己調律プロセスにおいて高齢者は互いが「宇宙摂理」のハタラキに共属する者同士であることを「やわらぎ」をもって体認し合う。そこには、「宇宙摂理」のハタラキとわが「こころ」とが「非平衡定常態」において相即し合っていることの「洞察」がある。

「融解生成」

心の平穏によって「宇宙摂理」のハタラキのわが「身」への映現を如実に体認できたとき、人はわが身において生起する日常事象はすべて「宇宙生命」（「宇宙摂理」のダイナミクス）の自己開示の瞬間々々であることを「霊性的直覚」を以って覚知する。すなわち、〈私のこの「いのち」は「宇宙生命」によって産み出されたものであり、つねに「宇宙生命」と共振・響応・融合し合っている。私の「いのち」は銀河系のなかの一つの小さな星にすぎないこの地球上で「宇宙摂理」のハタラキによってたまたま生かされている。私の「いのち」は〝いのち〟の太源である「宇宙生命」のこの世への瞬間的映現であり、「宇宙生命」の極微の分有体、それが私の「いのち」である〉との「視座」の「抜け」である。

「宇宙摂理」「宇宙生命」はわれわれの日常生活の全局面において自らを「抜く」と同時に、わが身の日常事象へのその「抜き」（映現）は翻転されてふたたび「宇宙摂理」「宇宙生命」の太源それ自体を「抜く」（映発させる）。この往相即還相（相互映現・映発）の次元往還はわれわれ人間にとっては「宇宙摂理」「宇宙生命」それ自身がわが身のうえで「融解生成」する無限循環運動として体認される。こうして「宇宙摂理」「宇宙生命」のハタラキがわが身の「融解生成」として「認識判断」されるとき、人は自身もまた「宇宙摂理」「宇宙生命」

のハタラキに即してその不可思議玄妙の「融解生成」をわが身に引き受けて生きる存在たるべく、「自己」なる存在を不断に新しく創成・再創成しながら生きていくこととなる。

「融解生成」とはどういう事態か、人間に特有の〈コトバによる世界分節化〉について考えてみる。コトバは世界の実体を写しとる道具などではない。人はコトバによって世界を分節化し世界を生起させて生きている。それによって「世界把握」の枠組みが組成され、それを用いて人は改めて世界の再分節化・再組織化を行ない、それに併せてコトバの分節作用も自在に変容されていく。この「世界把握」の往還翻転がすなわち「融解生成」を動的に生きるということである。コトバによる世界分節（世界生起）は往々にして偏倚知見・固定観念によって歪曲・固着化されるが「融解生成」のダイナミクスによってそれはつねに柔軟に再編成される。たとえば、優れた芸術作品に接することでそれまでの固着化した世界の見え方・捉え方が「融解」し、それによって自然への新たな向き合い方・自身の生き方が「生成」される如くである。人間個々の「いのち」はこの「融解生成」の反復往還運動のうちにある。そこには久遠無窮の「融解生成」の相にある「宇宙摂理」のハタラキが人間世界へと映現・映発することへの深い「洞察」がある。

人は日々旧い自己を「融解」させつつ（「宇宙摂理」「宇宙生命」のハタラキへの還帰）新たな「生成」を生きる（「現実世界」への往現）。現にわれわれは「生かされてある」ことの幸せを日々再確認しながら、〈融解＝還帰〉＝〈生成＝往現〉の日々時々刻々を生きている。こうして高齢者は平穏な「こころ」の「視座」を獲得する。（これは次の「第二章」で述べる〈「宗教的心性」の覚醒…「おのずから・てずから」「価値・意味」〉に通じる）。高齢者のこの「あり様」は一般人にとって心強い励ましとなる。

「生」と「死」

人の「生」「死」はあたかも水の流れの中の「渦」のようなもの、あるいは水面を騒がす「さざ波」のようなものである。現にそこにあるが、いずれは消えてもとの流れ、静かな水面に戻り（融解）、やがてまた様相を変えてそれは出現する（生成）。この反復を繰り返しながらつねに二つとない差異を産出しつづける「融解生成」の翻転往還は人間の（つまりは人類の）〝いのち〟の無限循環に通じる。われわれが自身の「いのち」を日々生きていくのもこの「融解生成」の無限往還運動のなかでの出来事である。

②「身わけ」―「情理融合」（「展き」の「所為」）

「身体場」「生活場」（「こころ」の場）での「行為・体験」は集積されて他者と共有可能な「出

来事・経験」となる。この「行為・体験」を通しての「出来事・経験」の動的集積プロセスを「身わけ」と言う（市川　浩『精神としての身体』〈勁草書房〉、『〈身〉の構造　身体論を超えて』〈青土社〉）。この「身わけ」によって「展かれ」る「場」において「霊性的直覚」はさらに研ぎ澄まされ、「宇宙摂理」のハタラキはいっそう如実に体認される。

理非の包越

人はおおかたは〈理・非〉判断で物事を処理するが人間が現に住まう「複雑適応系」社会ではそうとばかりもいかないケースが多々ある。そこではこれまでとは違う世界認識の枠組み（パラダイム）が求められる。生命論パラダイムがそれである。人間の認識論的枠組みには大別して機械論パラダイムと生命論パラダイムとがある。求められるのは生命論パラダイムによる機械論パラダイムの包越的超克であり、それによる新たな世界認識の枠組みの創成である。

機械論パラダイムの特徴は、物事は部分（要素）に還元可能であって、その部分（要素）を再構成していけば整合的な全体が復元可能とするところにある。達観するなら近代的思惟の底流にはこの要素還元主義的な機械論パラダイムがあると言ってよい。それは当面は不要と思われる事項ないし部分を〈理・非〉判断をもって仕分けすることではじめて自己定立が可能な枠組みであって、その枠組みは物事を整序するのには役立っても往々にして硬直化しそこからは大事な何かが抜け落ち、場合によっては認識判断に偏りが生じるのは避けられない。その対極にあるのが生命論パラダイムである。部分と全体は「相即相入」「相互生成」の関係にあって、全体のなかで部分は生かされ、部分に全体が映され、すべてはすべてと響応し合い生成し合っていて、そこには不必要なもの捨象してよいものは何一つ存在しない、むしろ異例なもの、逸脱と見られるもの、これまで混沌の要因として選別され周縁に位置づけられてきたもの、あるいは無意識世界へと封じられてきたもののなかにこそ、全体を超脱的・相転位的に生成発展させる〝揺らぎ〟の要素が蔵されているとする「洞察」がある。それを見逃さないようにしようという「理非包越」の世界認識がこのパラダイムの要諦である。それによって世界への〈立ち向かい〉方も「らしく」「やわらぎ」あるものとなる。

生命論パラダイム

「生命」とは外部から不断にエネルギーを備給されながら内部で発生するさまざまな〝揺らぎ〟や外部から加えられる〝摂動〟を吸収しつつけっして固着した平衡状態に収

斂してしまうことのない非平衡的定常性をつねに把持している系のことである。そこでは定常的持続が壊乱されそうな事態が起これば、これを打ち消す反作用を内部に自生させたり自らの構造・機能を変容させることでそれを巧みに散逸させて自律的自己調整を不断に繰り返す。生命論パラダイムはその自己生成的作動状況をトレースする「複雑適応系」パラダイムである。

なお、生命論パラダイムによる世界理解に関してはたとえば次のような論もなされる。「自然とは驚くべき繁殖、過剰、とめどもない浪費であって、存在し生きること以外には何の目的ももたない。それは何よりもまず〈生〉であって、生きる能力と活動であり、絶えまない戯れであり、さまざまな形をとる奢侈であり、〈死〉すらもこのような豊穣のひとつの側面に過ぎないのである。それ故、このような存在に対しては内的均衡やエコノミーの法則を当てはめることはできない」（ニーチェとバタイユの美学についての丸山圭三郎のコメントより）。「生きる能力と活動」を「戯れ」「奢侈」「浪費」「過剰」とするのは別として、身体における「内的均衡」の機序まで否定しては生命の「伸展」はおろか「持続」それ自体すら否定することになりかねない。これではニヒリズム、アナーキズムに陥るのみである。（もっとも、ニーチェのテーマはそのニヒリズムをどう超克するかにあるのだが…丸山）。

「複雑適応系」

たとえば身体が遺伝子系、脳神経系、免疫系、代謝系、循環器系、呼吸器系、消化器系、骨格系、筋肉系などの諸機能が統合されてはじめて全体バランスを保つように「複雑適応系」では諸々の作用要素は重合的に響応し合い相互生成（相互機制）し合う関係にある。ポイントは内外環境との開かれた相互作用である。その相互作用のなかで各要素の振舞いは一つの統摂された活動へと共鳴的・共振的・抱握的に同調化される。全体を構成する各要素はそれ自身で独立した意味と価値をもってはいるが、それらの固有の意味・価値が内外環境・各要素との間（および全体との関係）で相互生成的に相関し合うことでそこにまったく次元を異にする新しい意味・価値の体系が自己組織的に編成されるのである。その自己生成的編成プロセスのなかで全体は部分とともに共鳴・共振するリズムで充たされた場所となる。

これからＡＩによってもたらされる社会は「サテライト分散リゾーム状ネットワーク社会」である。そこにおいて求められるのはこの「複雑適応系」思考である。そこでのポイントは〈サテライト分散した個々の要素が複雑に相互作用する関係性ネットワークにおいては、個々の要素はそれらを遥かに超えたスケールで自己組織化しつつある「リゾーム状」プロセスの自己表現そのものと化す〉という点にある。「複雑適応系」では、たとえどんなに小さな〝揺らぎ〟でしかなくてもそれがシステム全体の構造を大きく変化させる契機となるところにその機微（特徴）がある。それはつねに自己調節しながら全体最適の適応状態を自己編成していくプロセスであって、そこでは部分と全体とは相互生成、相補相依、相即相入の関係にあり、部分同士の間では重々帝網の等価関係が成立している。そこでは日常事象はつねに新たな「融解生成」の無限循環として捉えられ、われわれの生活場面の各々も「情理融合」の相において捉え直される。

「リゾーム状」プロセス

「リゾーム」とはドゥルーズ&ガタリによって提唱された概念であって、それは「あらゆる方向づけを避けて際限なく続く多様性・異種混淆性の論理」によって旧来の「トゥリー状のロゴス中心的な存在論や思考様式を覆す概念」である。そこには「中心もなく、始まりも終わりもなく、主体も客体もない、あるのは任意のものと結びつき、自在に配置転換を行う、速度と強度を以って生成する内在的論理」のみである。（「　」は『岩波思想・哲学事典』より）。

ＡＩが主導するこれからの「サテライト分散リゾーム状ネットワーク社会」において

は、「サテライト分散」した各アクターは「ネットワーク」されることによってそこを「リゾーム状」プロセスへと編成する。それは内外に開かれた「非平衡定常空間」（硬直化・平衡化することなく動的定常状態を把持する圏域）であって、そこではメンバー各人は自らの行動を非線形的に（定型的な反復行動に自己拘束されることなく）、かつ同時に他者の行動を相互参照しながら柔軟に自己調節する。こうしてその圏域は互いの行動が共鳴・共振し合うリズムで充たされた「多様態」の動的プロセスとなる。つまり、同期的に調律された協働関係がダイナミックに生成されていく「理非包越」世界である。それは設計主義思想のもとで人工的に作意された制度的規範体系とは対極にある生命的自己創出システムである。このような生命的協働生成のダイナミクスの現場から「複雑適応系」としての「非平衡定常空間」が現出するのである。

「情理融合」

〈理・非〉判断を生命論パラダイムで何とか包越・超克できたとしても現実世界では人は「理」と「情」の間で苦しむことが多い。「理」を尽くして説明すれば必ず通じるとは思っても「情」の面ではそうはいかないのが実際である。「理」と「情」とが即自的に融即することはない。そこにはパラドクスがある。そのパラドクスを整合的に相互調停するため人はそこに「働き甲斐」「生き甲斐」などを自ら紡ぎ出そうとするが、しかし「働き甲斐」「生き甲斐」は自己幻視・共同幻想へと偏倚しかねないため、人はそうならないよう〈凝滞固着することがないよう〉そこからの「自己超脱」を図る。その「自己超脱」によって人は自身を行為的にも情動的にも透過的存在にしようとする。そこにおいて窮極的に目指されるのが〈非自己としての自己〉すなわち〈無私の自己〉の「あり様」、すなわち「情理融合」の境位である。「情理融合」とは放恣逸脱を自身に許容することではない。世の柵（「関係性の網の目」）を如何に生きるかという「繋縛（責務）」を自ら引き受け、そのなかにこそ真の「自由」がある（そこにしかない）ことを「霊性的直覚」を以って「洞察」することである。そこには互いが「宇宙摂理」によって生かされているもの同士との根源的共通認識がある。

高齢者が「霊性的自覚」存在として目指す境位がそこにある。目指されるのは先入見・希望的観測・固定観念・予断的仮定・心情的補償など個的な執着や個人的な偏執などにいっさい障えられることない「情理融合」の寛闊な「視座」を得て、自己幻視・共同幻想（「働き甲斐」「生き甲斐」などの自己拘束）からの「自己超脱」によって、「やわらぎ」をもって「らしく」生きることである。（これは次の「第二章」で述べる〈世界の把捉…「サスティナビリティ」「格差社会」「都市空間」〉の問題に通じる）。

高齢者は「宇宙摂理」のハタラキに共属するもの同士との共通理解が一般社会人に比してより深い（はず）だけにこの「情理融合」の境位に近いところを生きることができる。高齢者のその澄明暢達な生き方は一般人へのよき指針となる。

「理」と「情」

人間の理知感情のハタラキを暗黙次元、明示次元、形式次元の三次元で捉えるなら、〈理・非〉の判断は多くは明示次元・形式次元に属する。明示次元・形式次元は整合性を旨とする論理の体系であるから、そこでの問題なら大方は〈理非曲直〉によって処理することができる。それにたいし「情」がもっぱら働くのが暗黙次元である。暗黙次元は〈拈華微笑〉のようにただ微笑み合い頷き合うだけで理解が通じるような次元である。「身わけ」によって「展かれ」るのがこの理非を包越した「情理融合」の境位である。

「理」は「情」によって緩められその硬直化が宥められ、「情」は「理」によって鎮められその放逸化が匡される。両者がこうして相互否定的に媒介され、相互生成的に結び合わされるには「洞察力」が要る。「洞察力」によってそこに相互否定的・相互生成的な「情理融合」の澄明暢達な「視座」が「展かれ」るのである。その「視座」の獲得によって「霊性的自覚」は即非即是的にいっそう研ぎ澄まされ、「宇宙摂理」のハタラキとの共振・

響応・融合はより深く体認される。

「情理融合」の境位

人が現実事象を前にして、いつも〈あれか・これか〉〈ああでもない・こうでもない〉と理非判断に悩み呻吟しているのは主として明示次元・形式次元においてである。では、そこにあって人は「洞察力」を以って「情理融合」の「視座」をどう「展く」か。

『正法眼蔵随問記』は言う。いま仮に、あまりよく知らない人からさる知人へ紹介状を頼まれたとする。さてどうするか。道元の答えは明解である。「只其の時に望んで能々思量して、眼前の人の為に一分の利益となるべき事をば、人のあしく思はんことをも顧みずなすべきなり」である。「人来て一通の状をこはんに、名聞計りを思ふて其の事を聞かぬは是れ我執深きなり」、「我執名聞」は捨てねばならぬ。しかしその紹介する人物が信用できるかどうかは分からぬ。かえって紹介相手に迷惑をかけるかもしれない。ではどうするか。「理非等のことは我が知るべきに非ず。只一通の状を乞へば与ふれども、理非に任せて沙汰あるべき由をこそ人にも云ひ状にも載すべけれ。請け取て沙汰せん人こそ理非をば明らぶべけれ。吾の分上にあらぬ此の如きことを、理を枉げてその人に云んことも亦非なり」。それは紹介状を受け取った人が考えればよいことで、そこにとやかく口を挟むのは分を越えている。「その人よりの所望のことを一往聞くとも、彼の状には、去り難く申せば申すばかりなり、道理に任せて沙汰あるべしと書くべきなり」。紹介状に添えてそのことを相手に伝えればすむことだ。「只よき事を行じ人の為に善事をなして代りを得んと思ひ我が名を顕はさんと思はずして、真実無所得にして、利生の事をなす。即ち吾我を離るる、第一の用心なり」、これは「情理融合」した高齢者に固有の「やわらぎ」ある生き方に通じる。自然のまま、公明正大、澄明暢達、「場」に即して「らしく」あるだけで何のわだかまりもない。「自己超脱」した「情理融合」の境位にあっては人の「生き様」はみなこのように「真実無所得」に「展かれ」る。

③「身行」——「融通無碍」（「啓き」の「所行」）

「行為・体験」、「出来事・経験」によって「身わけ」られた「場」は次いで「知識・情報」化されることによって他者一般へと実践的に「啓かれ」る。その「啓き」の所行をここでは「身行」と呼ぶ。しかし「身行」によって世界の見え方、捉え方がかえって歪まされるようなことがあってはならない。それを避けるには「身行」はあくまでも互いが「宇宙摂理」のハタラキに共属するもの同士だとの共通認識を踏まえていなくてはならない。そうであってはじめて「場」は「らしく」と「たおやか」とが相互生成し合う「啓け」の「場」となる。

世界の〈立ち現れ〉

世界内存在である人間は他者との共存共生という事実をいっときも忘れることなく、つまり関係性存在としての自分を見失うことなく、世界の〈立ち現れ〉を確証しながら日々を生きている。しかしその〈立ち現れ〉方、したがってそれへの〈立ち向かい〉方は四囲の環境条件によってつねに揺るがされる。人はむしろその揺らぎを糧として関係性存在としての〈自己〉を不断に再編成・再々編成しながら生きていく。つれてわれわれの日常的思考も状況に即して不断に超克・超脱される。その超克・超脱の先に「洞察力」によって「啓かれ」るのが「融通無碍」の境位である。そこにあるのは「らしく」と「たおやか」とが相互生成し合う動的プロセスである。

「融通無碍」

人は「情理融合」を包越した「融通無碍」の境位を「啓く」ことで「霊性的自覚」と「宇宙摂理」のハタラキとの共振・響応・融合をさらに深く体認する。そこから各人ごとの倫理的実践規範が創発する。

倫理的実践規範は、自分と周りの事象との間に安定した調和美を先験的に措定しようとしたりそれを作為的に造り出そうとするのではなく（それは自己拘束的硬直化に繋がる）、「宇宙摂理」のハタラキとの動的共振・響応・融合のダイナミクスを体認することを通して「霊性的直覚」によって、日々の実践を通して見出すものである（自己相対化による自己生成）。そこには全体の中で部分要素が相互に結びつき、それによって全体が変容し、それがまた部分を再構成し、そこに一段と安定した状況調和的・環境適合的な高次の全体が生みだされていくという弁証法的回路がある。その回路を往還するなかで「らしく」自己組織的に生成される「たおやか」な動的安定構造にわれわれは自身が「場」にあってどう振舞うべきかの倫理的実践規範を見出すのである。

高齢者はみな多かれ少なかれ自身の営む日常をそのように自己生成的・全体調和的に編成しながら生きている。問題は、その状況調和的・環境適合的生成プロセスから倫理的実践規範を創発させることのできる「洞察力」をどう涵養するかである。それは「宇宙摂理」のハタラキの化現存在同士が自己反照的・相互反照的対話を繰り返すなかでおのずから育ってくる〈他者〉への顧慮という共感力によってである。共感とは〈他者〉のなかに〈自己〉と同じ「霊性的自覚」存在（「宇宙摂理」のハタラキへの共属者同士）を見ることである。そこには人間存在の共通基盤が「らしく」「たおやか」に共振・響応・融合し合う共同体験がある。この共同体験があってはじめて高齢者は「公共生活圏」における「公共生活者」として「融通無碍」の境位を生きることができる。（これは次の「第二章」で述べる〈世界への対処…「国家」「政治」「法規範」〉に通じる）。

「融通無碍」によって世界への〈立ち向かい〉方が刷新される。つまり自己保身のための思惑や作為を排し、既成の判断枠組みを超えて素直に自分「らしく」「たおやか」に生きることが可能になる。逆の見方もできる、「らしく」「たおやか」に生きる「あり方」があってはじめて「融通無碍」の「視座」が「啓かれ」る。

なお、その際に注意しなければならないのは倫理的実践規範はやがて習慣化し硬直化し、ときにはそれが妄信や自己惑溺へと回収されてしまう惧れがあること、あるいはそこに権力的規範化作用が介入してくる惧れが多分にあることである。「融通無碍」の「視座」を得ることでその危惧は避けられる。日常生活が単調化しやすい高齢者にとってこの「視座」の「啓き」は貴重である。それは一般人にとってもよき手本となる。

④「覚り」――「融即帰一」（「開き」の「境位」）

「霊性的自覚」による「宇宙摂理」のハタラキの体認が至り着く窮極、それがすなわち「融即帰一」の「覚り」の境位である。すべてはすべてと「融即」し合って窮極は「宇宙摂理」のハタラキへと「帰一」する、その「覚り」を得て高齢者は自身に固有の価値連関をいっさいのこだわりを捨てて「ありのまま」「たおやか」に編成・再編成することが可能になる。

在る・成る・為す・祈る

「宇宙摂理」のハタラキとの「融即帰一」を体認する直接的契機となるのは〈祈り〉においてである。

人の存在態様には〈在る〉と〈成る〉と〈為す〉の三つの側面がある。〈在る〉は「こころ」・「融解生成」に、〈成る〉は「身わけ」・「情理融合」に、〈為す〉は「身行」・「融通無碍」にそれぞれ関わる。

もともと〈為す〉には習慣化・定形化・硬直化の弊が伴いがちである。そうならないよう高齢者には高齢者に固有の〈為す〉行為がある。そこでは自分の〈為す〉営みが「場」（自己の「身体場」「生活場」を含む「場」全域）のダイナミクスを賦活するうえで阻害要因にならなかったか、その「場」に平穏柔軟な秩序を生成するのに役立ち得たか、閉ざされた価値世界に自閉したり、自己保身のために現実を糊塗・隠蔽・歪曲するようなことがなかったか、などさまざまな自己反省的省察が繰り返される。特に現在のように多様な価値観が輻輳するなかにあっては高齢者のこの自己省察は貴重である。そこには「場」（ということは自己内部でもある）の葛藤を覚悟をもって引き受ける「決意性」も求められる。「決意性」とは言ってもけっして頑迷固陋を意味しない。「洞察力」を以ってする柔軟な振幅をもった「たおやか」な「決意性」である。これは高齢者にとってむしろ親和的であるが、しかしことはそれほど容易ではない。できるのはせいぜい「場」に即して「ありのまま」であれかしと〈祈る〉ことだけである。かくして高齢者の〈為す〉行為は窮極のところ〈祈る〉行為へと繋がる。往々にして自己完結的な閉鎖系となりがちな「身体場」「生活場」が「場」全域（四囲の環境世界）へと動的に「開かれ」るように、そのなかにあって自己の中心価値軸（「無私」の境位もそこに含まれる）が何とか把持できるように、物事が〈在る〉べきように〈成る〉ように、そして「宇宙摂理」のハタラキに即して自身の「霊性的直覚」がより十全な〈為す〉へとスムーズに連結されるようにと〈祈る〉のである。〈祈り〉によって人の「生」は低位次元の目的手段連関の軛から解き放たれ、より高位次元の「透脱自在」「本来無事」の境位へ、すなわち「霊性的世界認識」へと相転移的に「開かれ」る。

この〈祈り〉を介して「霊性的直覚」と「宇宙摂理」のハタラキとの共振・響応・融合を全身体的に体認することで高齢者は「融即帰一」の「視座」をそこに「開く」。

〈祈り〉について

〈祈り〉とは、際会する苦艱からの自己中心的な救済祈願（脱出願望）ではなく、〈自身が救済されるに値する者であるように〉、〈神仏と融合一体化して働ける存在であるように〉と〈祈る〉ことである。日本伝来の念仏・題目・声明などの修行、祭祀・祈祷などの修道もこの〈祈り〉に通じる。高齢者が「場」にあって何事かを〈為す〉に当たってはその根底にはいつも・すでにこの「融即帰一」を念う高位次元の〈祈り〉がある。

覚悟をもって引き受ける「決意性」

葛藤を截断するには「一以てこれを貫く」（『論語』）ところがなくてはならない。しかし『正法眼蔵随聞記』も言うように、「所詮は事に触れて名分我執を捨つべきなり」、「心の内に上下親疎を分たず、人の為によからんと思ふべきなり」、「吾我を離るゝ、第一の用心なり」も求められる。『臨済録』も言う、「透脱自在」、「無依の道人」、「無事にして純一無雑」、「随処作主、立処皆真」。『碧巌録』も言う、「是れ人を争い我を負い、自ら逞しくし自ら誇るにはあらず。…一に七縦八横なるに任す」、「本来無事」。いずれも根底に覚悟をもって引き受ける「決意性」がある。つけ加えるなら、『歎異抄』の「…わがはからひなるべからず…すべてよろずのことにつけて…わがはからはざるを、自然とまうすなり」、この「自然法爾」にもそれがある。

『正法眼蔵』で道元は言う。「仏道をならふといふは、自己をならふ也。自己をならふとは、自己をわするるなり。自己をわするるといふは、万法に証せらるゝなり、万法に証せらるゝといふは、自己の身心および他己の身心をして脱落せしむるなり」。「まさにしるべし、……悉有を会取することかくのごとくなれば、悉有それ透体脱落なり」。「たおやか」にして「ありのまま」なる「自己超脱」の境位がここにある。

「融即帰一」

鈴木大拙はその著『東洋的な見方』で次のように記す。「現世の営為は自由を主としたものでなくてはならぬ。この自由の出処は霊性的自由である。それがないところでは、如何なる自由も本当のものではない。霊性的自由から出ないものは自己中心となる。個己は個人・家族・各種団体・国家などすべての上に見られる。個人の場合では我利我利亡者となり、国家の場合では行き過ぎた国家主義などとなる。何れも霊性的自由の何たるかを知らぬからである。自由とは、自らに在り、自らに由り、自らで考え、自らで作ることである。そうしてこの「自」は自他などという対象的なものではなく、絶対独立の「自」、天上天下唯我独尊の「我」であることを忘れてはならぬ。これが自分の今まで歩んで来て、最後に到達した地点である」。

「自らに在り、自らに由り、自らで考え、自らで作ること」、それは「宇宙摂理」のハタラキと「融即」してそれへと「帰一」する霊性的自由の境位である。この「融即帰一」の根柢にはわれわれの「いのち」の太源である「宇宙生命」もまた人智を遥かに超えた次元において、それ固有の「宇宙意識」を持つとの想念がある。われわれの低次にして極微なる「意識」を以ってしてはこの高次にして広大無窮の「宇宙意識」を体認することはもちろん想像することすらできないが「融即帰一」の境位へと「開かれ」た者ならそれを卒爾に「洞察」することができる。神の「愛」、仏の「慈悲」は「霊性的直覚」によって把捉されたその「宇宙意識」の謂である。宗教的覚醒者の「菩薩行」「捨身行」はその端的な表徴である。

「こころ」「身わけ」「身行」によって深められた「霊性的自覚」はこうして「融即帰一」

の根源的境位へと超脱的に「開かれ」る。「融即帰一」の「覚り」の境位にあっては、人はみな「宇宙意識」（「神の愛」「仏の慈悲」）に抱き取られて生きており、各人のなかで「宇宙意識」（「神の愛」「仏の慈悲」）がいつも・すでに生きて働いていることを「洞察」することができる。「霊性的直覚」に恵まれた者ならその「洞察」を以って自身をそれに相応しい存在者へと「開き」直そうとするだろう。（これは次の「第二章」で述べる〈「宗教的心性」による根源開示…「科学」「芸術」〉に通じる）。

高齢者はその「融即帰一」の境位にいささかなりとも与りたいと念って「ありのまま」「たおやか」に日常を生きる。この「生き方」は一般人にとって心和む慰藉となる。

以上、「宇宙摂理」のハタラキとの共振・響応・融合を「霊性的直覚」によって体認することを通して世界への〈立ち向かい〉の「視座」を獲得する次第、およびそれによって世界の「見え方」や人の「生き方」がどう変容するかについて高齢者に焦点化しながら見てきた。その全プロセスを支えるのは人間にとって最高の英知というべき「洞察力」である。

「洞察」とは、「場」にあってつど際会する出来事が有用な〝揺らぎ〟であるかどうかを見定め、それをどう選択・吸収するか、あるいは拡散・散逸させるか、その対応が適時適切か、など

「場」に即して自己調停することである。「洞察力」によって、その〝揺らぎ〟はより広域世界へと増幅され深められる。そのなかで人の「あり様」はより柔軟自在に編成・再編成・再編成されていく。次の「第二章」でその次第を見ていく。

第二章 「宗教的心性」を生きる

人は自身が「宇宙摂理」のハタラキと共振・響応・融合しながら生きていることを「霊性的直覚」によって全身体レベルで体認し、それによって日常の諸事象にどう対処するかの「視座」を獲得する（「第一章」）。

その「認識判断」（体認）を閲して高齢者はより高次の「意思判断」を以って世の複雑事象に対処することのできる「宗教的心性」に覚醒する。「宗教的心性」とは端的に言って「精神の意志力」（鈴木大拙）としての「覚信力」である。それによって高齢者の視界はおのずと生活世界全域へと領域横断的に広げられる。高齢者はそこに「宇宙摂理」のハタラキの体得者として自らの生きる「基本姿勢」を自己確認する（「第二章」）。

そこには「融解生成」・「情理融合」・「融通無碍」・「融即帰一」の「融」の「力」が働いている。それは「霊性的自覚」と「宗教的心性」が「融」け合って一つとなる「場」において最高度に発揚される。

本章記述の全体構図を図示すれば〈図2〉のように整理できる。

本図の各象限に配された各事項は〈図1〉の各象限に記載の各事項と照応している。〈図1〉は「宇宙摂理」のハタラキとの共振・響応・融合を全身体レベルで体認する「認識判断」であるが、〈図2〉はそのことを意思（意想・思念）レベルで受け止めそれをもとにこの世に処する「基本姿勢」を自己確認する「意思判断」である。この「認識判断」と「意思判断」が連接されるのは「宗教的心性」、すなわち「精神の意志力」としての「覚信力」によってである。

〈図2〉の全体構図を〈図1〉と関連させて要約すれば次のようになる。

①〈「宗教的心性」の覚醒〉によって「融解生成」が現実世界へと「抜かれ」る際に人が自己確認する自身の存在様態が「おのずから・てずから」である。人は「おのずから」と「てずから」とを巧みに綯い合わせながら、自身の把持する「価値」が他者から承認されるよう「意味」づけしつつこの世に処する。そこに領域横断的な視界が獲得される。それは〈図3〉の「道徳規範」（「供犠」の精神、「相互和合」の所業）へと繋がる。

〈図2〉

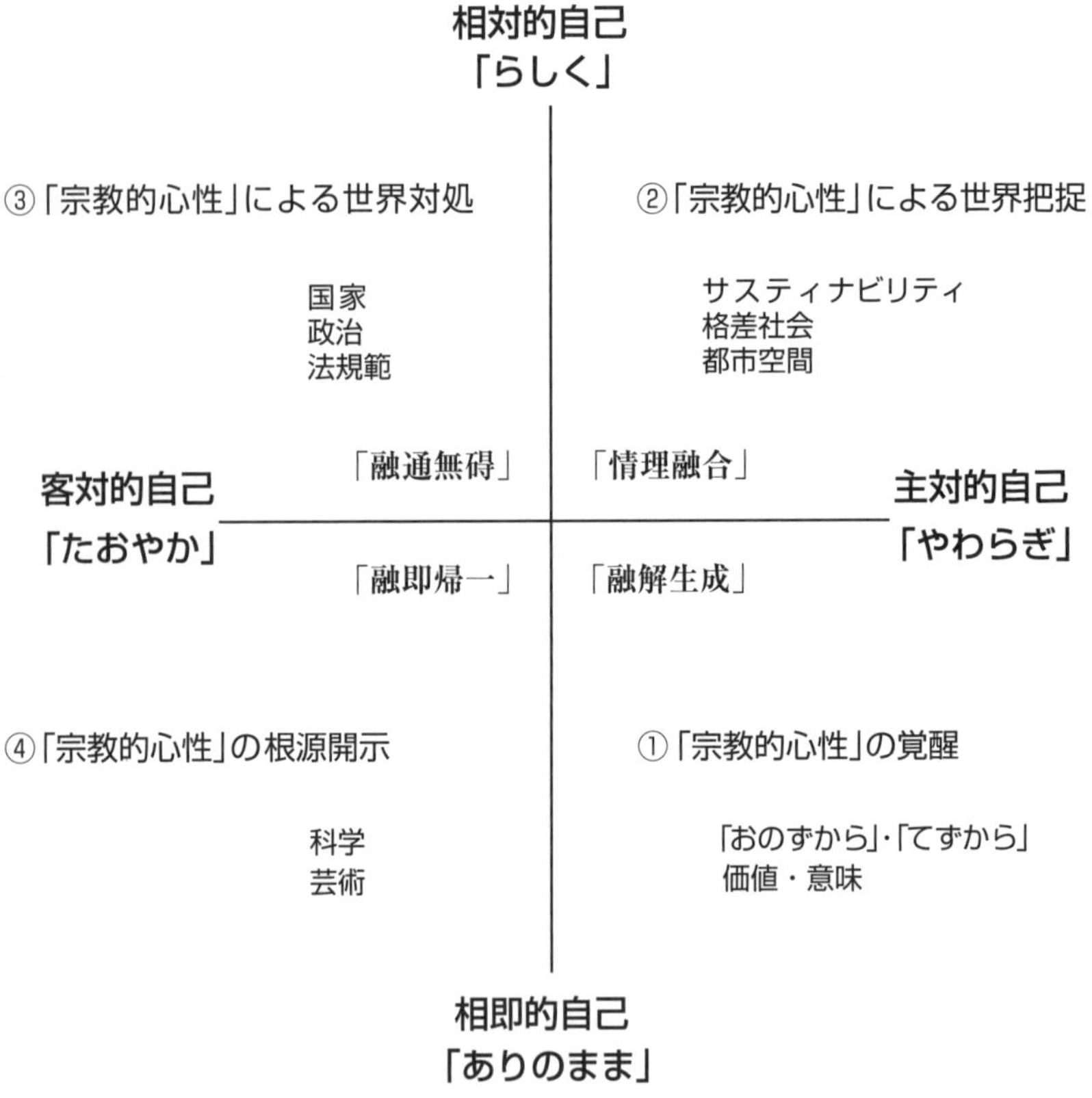
相対的自己
「らしく」
③「宗教的心性」による世界対処
国家
政治
法規範
②「宗教的心性」による世界把捉
サスティナビリティ
格差社会
都市空間
「融通無碍」
「情理融合」
客対的自己
「たおやか」
主対的自己
「やわらぎ」
「融即帰一」
「融解生成」
④「宗教的心性」の根源開示
科学
芸術
①「宗教的心性」の覚醒
「おのずから」・「てずから」
価値・意味
相即的自己
「ありのまま」

②「宗教的心性」によって領域横断的な視界が獲得されることで「情理融合」的に〈「宗教的心性」による世界把捉〉が「展かれ」る。そこにおいて人はさまざまな今日的課題に逢着するがたとえば「サステイナビリティ」「格差社会」「都市空間」はそのなかで最も身近にして喫緊のイシューである。それは自分が他者のために何かを為そうとする活動様態に関わる。これは〈図3〉の「倫理規範」(「贈与」の精神、「相互信頼」の所業)へと繋がる。

③領域横断的な視界は「融通無碍」による〈「宗教的心性」による世界対処〉を通してさらに「啓かれ」る。それによってたとえば「国家」「政治」「法規範」にどう向き合うかの「基本姿勢」が自己確認される。それは自身が関係性存在であることを覚知したうえでの日常の行動様態に関わる。これは〈図3〉の「行動規範」(「謝恩」の精神、「相互理解」の所業)へと繋がる。

④〈「宗教的心性」の根源開示〉によって「宇宙摂理」のハタラキは理性的・感性的次元においてより高度に「開かれ」る。そこでは「科学」「芸術」は領域横断的視界のもとで改めて「融即帰一」的に捉え直される。それによってわれわれの生活様態にはより豊かな内実が与えられる。これは〈図3〉の「生活規範」(「奉仕」の精神、「相互支援」の所業)に繋がる。

このように「宗教的心性」の覚醒に伴う領域横断的な視界の「披・展・啓・開」けによって、人の存在様態・活動様態・行動様態・生活様態はいっそう内容充填される。

以下〈図2〉に即して、高齢者を念頭に置きながら、人一般の立場から、

①人が「宗教的心性」に覚醒する経緯（〈図1〉の「こころ」「融解生成」に照応）……「おのずから」・「てずから」なる所為のなかで「価値・意味」が「披かれ」ることを通して人が「宗教的心性」に覚醒し、領域横断的な視界を獲得する局面、

②「宗教的心性」によって獲得される領域横断的な視界によって新たな世界が見えてくる次第（〈図1〉の「身わけ」「情理融合」に照応）……たとえば「サスティナビリティ」「格差社会」「都市空間」を生きることを通して世界把捉の枠組みが「展かれ」る局面、

③領域横断的な視界の獲得によって世界への対処の仕方が一新される次第（〈図1〉の「身行」「融通無碍」に照応）……たとえば「国家」「政治」「法規範」への向き合いにおいて世界対処への広闊な視界が「啓かれ」る局面、

④領域横断的な視界獲得によって「宗教的心性」がさらに研ぎ澄まされる境位（〈図1〉の「覚り」「融即帰一」に照応）……「科学」「芸術」の世界が「開かれ」ることを通して人が「宗教的心性」によって「根源開示」を体験する局面、

の四局面について順に見ていく。
なお、「基本姿勢」は往々にして偏倚し固着するからそれを避けるにはつねに「融」の見地から溶きほぐされる必要がある。

「宗教的心性」と「精神の意志力」

自分が「宇宙摂理」のハタラキによって生かされた存在であることを体認・体得できたとき人は「宗教的心性」(「宗教的霊性」と呼んでもよい)に覚醒する。それは何か「聖なるもの」(「ヌミノーゼ」…人間が本来的に備えるプリミティブな感覚によって捉えられる…ルドルフ・オットー)に触れたとき、非合理的かつ直接的に経験される感情(心性)のことを謂う。それによって人は、いままでは当たり前のことと「認識判断」してきた日常事象にたいしてもそれまでとは違った「意思判断」のもとで真摯に向き合うようになる。そこには「精神の意志力」としての「覚信力」がある。

「精神の意志力」については次の言辞が参考になる。「人間はただ物理的宇宙ではなく、シンボルの宇宙に住んでいる。言語・神話・芸術および宗教は、この宇宙の部分をなすものである」。「人間は〈物〉それ自身を取り扱わず、ある意味において、つねに自分自身と語りあっているのである。彼は、言語的形式、芸術的イメージ、神話的シンボルまたは宗教的儀式中に、完全に自己を包含してしまったゆえに、人為的に媒介物を介入せしめずには、何物をも見たり聴いたりすることはできない」。この「人為的媒介物」の形態は「シンボル的形態である。だから人間をシンボルの動物—象徴的動物と定義することによって、われわれは人間の特殊の差異を指示できるのであり、人間の前途にひらかれている新たな道—文明への道—を理解しうる」のである(カッシーラ『人間—シンボルを操るもの』)。そういう意味では人間そのものが「シンボリック・システム」である(ユクスキル)。「精神の意志力」としての「覚信力」はこの「シンボルを操作できる能力」のことだと言ってよい。「宗教的心性」の覚醒による領域横断的視界の獲得もこのシンボル操作の一環である。

①「宗教的心性」の覚醒—「おのずから」・「てずから」、価値・意味

「霊性的直覚」によって「認識判断」レベルで体認された「宇宙摂理」のハタラキが「意思判断」レベルで受け止められたとき人は「宗教的心性」に覚醒する。そこから領域横断的な視界が「披かれ」、この世に処する「基本姿勢」が自己確認される。そこにあるのは「精神の意志力」としての「覚信力」であって、そこに作為的操作が介入する余地は一切ない。

「精神の意志力」としての「覚信力」

　領域横断的な視界の「抜け」には「作為」は一切ない。あるのは「精神の意志力」としての「覚信力」のみである。「覚信」とは鈴木大拙の言葉を借りれば〈「真我」への自己超越〉である。〈「真我」への自己超越〉とは小さな「己我」（閉じられた「認識判断」）を超え出た絶対自由の「大我」＝「真我」への到達（高次の「意思判断」）であり、そこには宇宙大の「超自己」のハタラキとの融即がある。そこにあるのは絶対独立の「自」であって、天上天下それに障るものは何もない。「自ずから、在り、由り、作り、生る、すべては成るように為る」（鈴木大拙）、そこでは「自己」の「己」はすでに消されて「自」（おのずから）となる。いわば「仏の側からなされるはからい」があるだけである。

　「宗教的心性」に覚醒し、「精神の意志力」としての「覚信力」を以って生きる者にしてはじめてその絶対自由の境位に達することができる。わが国の古神道の「明き、清き心」、農に関わる「大地の霊」、武に関わる「武士の魂」、その根柢にあるのもこの絶対自由の境位である。

「おのずから」・「てずから」

人はみな万事が「おのずから」なるように成るなかで「てずから」何事かを企てながら日常を生きている。問題は、「おのずから」と「てずから」をどう折り合わせるか、絢い合わせるかである。他者の心を傷つけないようあれこれ顧慮する道徳規範も制度機構と折り合いをつけながら適切に身を処する世間的智恵もこの「おのずから」と「てずから」の統合行為である。それを支えるのは「宗教的心性」であり、「精神の意志力」としての「覚信力」である。

こうして人は「てずから」なる作為を何とか自他調停しつつ、世の「おのずから」成りゆく推移と自身の「おのずから」なる振舞いとが「ありのまま」に合致するよう念いながら「やわらぎ」をもって、この世の複雑事象に対処するうえでの自身の存在態勢＝「基本姿勢」を自己確認していく。その際求められるのはその「場」の「気配」（成りゆく「推移」）にわが身をどう沿わせるかの「意思判断」である。日本独特の「気」の文化がその機微をよく示している。「気」とは〈人と場〉〈人と人〉〈場と場〉の間に〃いき〃（息＝イキ）づく〃たましい〃（「こころ」のハタラキ）の表徴である。人が「宗教的心性」に覚醒するのはその気配・気動を読み解く「意思判断」によってである。そのことが自認できたとき人はそこにわが「こころ」が「宇宙摂理」のハタラキと共振・響応・融合していることの充足感・適合感を覚える。人はこうしてすべてを「おのずから」成るように為らしめつつ、つまり、一切の硬直化した偏りから身を引き離して、自らを「場」に即して敢えて宙吊りにしながら（自己「融解」させつつ）、しかもわが「こころ」を覚悟・信念をもって生かし切るべく「てずから」努める（自己「生成」する）。「宙吊りにする」とは態度の曖昧さ、不決断を謂うのではない。そこにあるのは「宇宙摂理」の「おのずから」なるハタラキとの「融解生成」（「第一章」）の境地を「気」を引き締めて領域横断的に「てずから」生き切ろうとする「精神の意志力」としての「覚信力」（抱握的統合力）である。

価値・意味

人はみな互いの関係性において「生きることとの価値・意味」を保証し合っているとの共通認識を「宗教的心性」によって「会取」する。その根柢にはこの宇宙に存在する万物はそれぞれに「存在することの価値・意味」を有するとの超越論的認識がある。（その根柢には、すべては「宇宙摂理」のハタラキに共属するもの同士との「霊性的直覚」がある）。

「生きることの価値・意味」「存在することの価値・意味」

「生きること」「存在すること」とあえて「コト」を介在させるのは、人が関わるこの世の諸事象はすべてそこに人間的所為による世界分節化の「網の目」が掛けられることではじめて価値づけられ意味づけられることを示す。「網の目」が掛けられる以前には「宇宙摂理」のハタラキその「モノ」があるだけである。人間的所為によって「モノ」は多様に「コト」化される。

人は自己存在の孤絶感・無価値感・無意味感に耐えられない。人はそれを何とかして乗り越えようとする。たとえば次のように考える。

〈劇中のどんな端役であっても存在価値が劣るとは言えない。端役がその演技を十全に演じるからこそ劇は成り立つ。なかにはその端役だけを目当てに来ている観客もいるはずである。主役も端役もその存在価値は劇全体の中にある。そこでは役者は劇そのものと一体化している。自分もその役に徹して生きていこう〉と。

これは「場所が場所を観る」（西田幾多郎）の境位と言ってよい。その関係性の場において、人は改めて自身の「存在することの価値・意味」＝「生きることの価値・意味」を覚知する。そこには同時に一定の文脈（「関係性」の「網の目」）のなかで相応の位置価（文脈の生成因、「関係性」の「網の目」の結節項の役割）を担い得ているとの自己承認（他者からの承認も含めて）がある。

高齢者はもともとそのような関係性の「場」を「ありのまま」に「やわらぎ」をもって生きようとしている。高齢者にとってそこは「精神の意志力」としての「覚信力」を身を以って生きる「場」である。もともと「生きることの価値・意味」は〈関係性の外にあって実在するもの〉ではない。それは関係性の「場」において自身が自己編成するものである。それが可能なのは自分の中に住まわせたもうひとりの自分（「宇宙摂理」のハタラキに共属する自分、「霊性的自覚」存在者としての自分、それは同時にそこに共属するもの同士としての他者でもある）の発する言葉に心を「披い」て、「ありのまま」に「やわらぎ」をもって応答することによってである。そこが「宗教的心性」の「披かれ」の場である。

「場所が場所を観る」（西田）

西田幾多郎の言う「場所」とは「主観と客観をともに包越する媒介者」であり、その「場所」が「個性的に自己自身を限定することにより個物となる」、「そのとき個物はそのままで全体をそれぞれに映し出しており、自己を無として、世界の中心から自己を見る場所的限定が可能になる」（「　」は『岩波哲学思想事典』）。「劇」の中では観客も含めてすべての関係存在は己を無の境位に置いて互いに互いと映発しあって一つである。

人は「生きることの価値・意味」を自らの意思判断を以って見出す営為のなかで、ということは自身をあるべき「文脈」（「関係性の網の目」）のなかに適切に位置づけたり、あるいは自身がこうあるべきと考える「文脈」を生成するのに相応しく振舞ったり、あるいは「文脈」それ自体を組み替えたり改変したりする役回りを自ら引き受けるなどしながら、わが身に即して「生きることの価値・意味」（「文脈」あるいは「関係性の網の目」のなかでの位置価）を自己生成していく。「文脈」（「関係性の網の目」）を離れての即自的な「生きることの価値・意味」などあり得ない。そこには繰り返される試行錯誤のプロセス、不断の自己反照的・相互反照的生成プロセス、その成り行きを客対的・主対的に、相即的・相対的に眺めることのできる領域横断的な視界の「抜け」がある。その視界の「抜け」によって未分節の状態にあった生体験は差異化され、それによってそれまでになかった新しい世界がそこに反復創生される。問題はそのような存在様態＝「基本姿勢」が自身の納得・満足だけでなく他者からも肯定的応答をもって承認されるかどうかである。その「覚信」（受容体験）があればこそ人はそこに「生きることの価値・意味」を見出すことができる。

存在価値とは、企業の場合

企業は社会からの負託という形で、つまり社会から問い掛けられるという形で、それを参照項にしながら「存在することの価値・意味」を自身で紡ぎ出していく存在である。「負託」「問い掛け」に応えるとは、自分自身が社会を構成する一員である限り自らを支えるのは社会との間での自己反照的・相互反照的な相関形成しかないということの自己承認である。そのことから離れて、自己の「存在価値・意味」を超越論的（即自的）に措定して、それを一方的に主張しようとすればそれは企業エゴとして世間から批判されるだけである。超越的な立場にある誰かが会社定義を与えてくれるわけでもない。企業についてはこのことに誰しも異論がないのに人の場合に限ってなぜ自身の「存在価値」を支える「定礎」「基柢定点」をいわば先験的に自分の外部に措定しようとするのか、それはわたしたち自身が「宙吊り」状態のなかの自己定立という困難（不安）に耐えるだけの力がないからである。「存在することの価値・意味」とは要するにその「宙吊り」状態を堪える力のことである。高齢者にとって大事なのはその「宙吊り」状態を「ありのまま」に「やわらぎ」をもって引き受ける覚悟である。

高齢者は日常営為の中でこうして「生きることの価値・意味」を自己創生・自己編成すべく、自らを恃む矜持をもって、同時に自分の居る「場」はここにしかないという覚悟・諦念を伴う「覚信力」によって、つど「場」に即して「ありのまま」に「やわらぎ」をもって生きる。そこには「霊性的直覚」と「宗教的心性」との響応がある。そのなかで高齢者に相応しい道徳規範が生成される。その裏づけ(「宇宙摂理」のハタラキと「霊性的直覚」と「宗教的心性」との相互響応)のない道徳規範は単なる意匠でしかない。しかしその道徳規範も現実の困難に遭遇すれば往々にして揺らぐ。それはあたかも独楽の回転のようなものである。「やわらぎ」をもって揺らいでいるからこそ周りもその人を「ありのまま」に安心して受け入れることができる。そこにはやむなく切り捨てざるを得なかったものへの哀惜の想いも籠められているだろうし、ひたすら無心であろうとして深く心を鎮める自身への慰籍の念もあるだろう。高齢者のこの「精神の意志力」としての「覚信力」に裏打ちされた存在様態＝「基本姿勢」は一般人にとって慰めとなり、また自らの気持ちを引き締める縁ともなる。

②「宗教的心性」による世界把捉ーサスティナビリティ、格差社会、都市空間

「宗教的心性」によって「宇宙摂理」のハタラキが「身わけ」の局面で体得されたとき人は領域横断的な視界の「展け」によってそれまでとは違った世界把捉をするようになる。われわれにとって最も身近にして喫緊のイシューである「サスティナビリティ」「格差社会」「都市空間」を例に以下その次第について見ていく。いずれの根柢にあるのも「精神の意志力」としての「覚信力」である。

世界把捉

人間の行なう「世界把捉」には三つの側面がある。自己生成側面（オートポイエーシス）、恒常性維持側面（ホメオスタシス）、協働組成側面（シナジェティクス）である。「サスティナビリティ」「格差社会」「都市空間」はそれぞれこの三側面に対応する。「オートポイエーシス」とは、自己生成的・自励発展的創発を言う。「サスティナビリティ」はそれによって支えられる。

「ホメオスタシス」とは、恒常性維持・安定的秩序形成の機序を言う。行き過ぎた「格

差社会」に恒常的安定性をもたらすのはこの是正機序によってである。「シナジェティクス」とは、より住みやすい生活空間組成を目指して互いが協働することを言う。「都市空間」のあり方に通じる。

「オートポイエーシス」、「ホメオスタシス」、「シナジェティクス」については「第三章」《補論》を参照されたい。

サスティナビリティ

いま盛んに提唱されているサスティナブル社会に「宗教的心性」はどう関わるか。サスティナビリティとは一言で云って「足るを知る」ことである。やみくもな外延的発展から、バランスのとれた自足内転への軸足の移し変えである。それは、単なる技法の問題でもなければシステムの問題でもない。端的にこれからの資本主義のあり方、人がそこで生きる活動様態＝「基本姿勢」の問題である。

資本主義はキリスト教精神、とりわけピューリタニズムの勤勉の精神に支えられて発展してきた。勤勉は貯蓄を産み、貯蓄は資本となって投資に回され、さらに大きな貯蓄・資本を産む。投資は投資を呼び、資本はますます自己肥大化していき、そしてついには利用可能な資源をすべて食い尽くす。資本主義精神の根柢にキリスト教精神があることを逸早く見抜いたマックス・ウェーバーが注目したのもそのことであった。いま、そのキャピタリズムが歴史的転換を迫られている。

キリスト教精神のなかでサスティナビリティの自足の精神を支える哲学は何か、われわれが直ちに思い浮かべるのはイエスの山上の垂訓である。「自分の貧しさを知る人は幸いである」。言われているのは、貧しさのなかで満ち足りる精神であり、乏しさを分かち合う精神である。飽くなき富の生産・蓄積から、自足と分かち合いとを旨とする「情理融合」(「第一章」)の生き方への「展き」直し(展開)である。「自分のために地上に宝を積んではならない」「空の鳥を見なさい。種をまくこと刈り入れることもせず、また倉に納めることもしない」「野のゆりがどのように育つかを見なさい。ほねをおることも、紡ぐこともしない」「あすを思い煩ってはならない。あすのことは、あす思い煩えばよい。その日の苦労は、その日だけで十分である」。今日は今日の糧だけで満足することである。われわれにできることは「きょうの糧を、きょう与えてください」と祈ることだけである。「宗教的心性」を生きる人間は本来的にサスティナビリティを生きる存在者である。

東洋思想にも仏教・儒教・道教などを通底して、すべてを領域横断的視界の下で「らしく」「やわらぎ」をもって受け容れようとするサスティナビリティ精神がある。二十一世紀はまさにサスティナビリティ精神が東洋思想とキリスト教とを結びつける紐帯となる。いまサスティナブル社会が求めているのはまさにそういう「情理融合」した自律生成的世界の創成主体たるべき人材であり、「精神の意志力」としての「覚信力」である。

自足内転（環境保全）

いま求められるのは、蓄えから「供犠」へ、交換から「贈与」へ、収奪から「謝恩」へ、競い合いから「奉仕」への軸足の移し変えである（「第三章」）。昔から東洋にある「無為涅槃」「自然法爾」の仏教思想、「知足安分」「万物斉同」の老荘思想、「四時行われ、万物生ず。天何をか言うや」「死生　命あり、富貴　天に在り」「百姓足らば、君たれと与にか足らざらん。百姓足らずんば、君たれと与にか足らん」の儒教思想もそこに通じる。わが国の例では、18世紀中葉、安藤昌益の「直耕」「活真」の思想は「自足内転」の典型である。自然との共生的循環のなかで「直耕」することこそが「宇宙摂理」の活力的根元すなわち「活真」である。「直耕」はそのまま「宇宙摂理」の「直耕」である。「直耕」の余分を貪る者は「宇宙摂理」（「転道」）を盗む者である。

それは半強制的な法制度的仕組みを拵えることによって欠如を補綴することでもなけ

ればそれによって余剰を再配分し合おうということでもない。いっさいの強権発動を自己抑制して、人間それぞれが「宇宙摂理」のハタラキに即して、貧しい者は貧しい者なりに、富める者は富める者なりに、それぞれの活動様態＝「基本姿勢」を自主選択できるよう互いに保証し合うことである。要は各人が「宇宙摂理」のハタラキに即して生きるべく、自らの活動様態＝「基本姿勢」を自律自制することである。

格差社会

資本主義社会は商業資本主義、産業資本主義、金融資本主義の時代から知識資本主義の時代へと推移するなかで大きく変貌してきたがそのなかでも変わらないものがある。格差の趨勢的拡大再生産はその一つである。「宗教的心性」はこの格差問題にどう向き合うか。

これまで商業資本主義・産業資本主義・金融資本主義の下で経済的貧富の格差は拡大再生産されてきたが知識情報資本主義にあってはその傾動にさらに拍車が掛けられた。知識・情報格差（情報の非対称性の囲い込み）がそのまま経済的・社会的格差へと繋がるからである。資本主義は自らの恒常性維持（自己存続）のためこの格差問題にたいしさまざまな政策対応によって制度的補完を行うが、しかし格差問題は資本主義それ自体が内包する体制原理（それは資本原理であるだけでなくそれを支える個人才覚原理に立脚する）が産み出す構造問題だけにこれを制度的に補完するにも一定の限界がある。そこでは社会的・経済的・知識情報的に富める者はますます富み、貧困なる者はますます貧しくなる。これからのＡＩ時代ではなおさら、一方は豊かな知識情報貴族へと上昇し、他方は高度な知識・情報の活用機会からますます遠ざけられて（あるいは劣位に置かれて）知識情報プロレタリアートへと転落する。自助努力・自己責任ということである程度は納得できてもそれにも限度がある。

そうなると、早くから上昇志向を失った若者たちのアパシー現象、既成秩序からはみ出した無軌道なアノミー現象、あるいはさまざまな自己疎外現象、未来に背を向け目先の現実にしか目を向けようとしない（そうとしかありようのない）パート・アルバイト人生、場合によっては、ひきこもり、うつ、などの不適応が随処に見られるようになる。ではどうするか。それにはこれまで是とされてきた一義的な社会的・経済的価値基準を相対化し無化するような領域横断的な視界の下での新たな価値規準を多彩多様に「展き」直すしかない。つまり、「宗教的心性」による新たな対抗価値軸、「精神の意志力」としての「覚信力」が最高の価値であるような価値軸の新設定である。経済的な富よりも精神的・文化的な「心性的卓越性」「心性的豊かさ」を「らしく」「やわらぎ」をもって生きることにより大きな意義を認める新たな価値軸へ向けての活動様態＝「基本姿勢」の転換である。また、その新たな価値軸が付加価値生産の機軸となるような経済社会体制への転換である。（それには、情報の非対称性の囲い込みに超過利潤の源泉を求めるのではなく、情報の対称性を前提にして自らをどう差別化するかにこそ主眼が置かれるべきであるが、この点については拙著『ＡＩが開く　新・資本主義』『ＡＩ時代の企業経営』〈彩流社〉で考究したので繰り返さない）。

昔の身分格差社会では富者は進んで喜捨・勧進・布施などの廻向を行った。「心性的卓越性」や「心性的豊かさ」が価値軸となる社会なら、真の卓越者なら進んで自らの「卓越性」を他者といろいろなかたちで分かち合おうとするだろう。また、そうあろうと努める他者たちを支援することに力を貸しもするだろう。それを自身の責務と自覚するだけでなく、いろいろな分野で精神的・文化的存在者として世の師表となるよう進んで自身を社会へと「展き」直しもするだろう。かっての「喜捨・勧進・廻向・布施」などが新たな「社会的公共資源」として、つまり「供犠＝相互和合」「贈与＝相互信頼」「謝恩＝相互理解」「奉仕＝相互支援」の精神＝所業として蘇るだろう。「宗教的心性」はそこまで「展かれ」ている。高齢者も「情理融合」の体得者として自分自身をどう「廻向」するか、その「あり方」を「覚信力」を以って生きていかねばならない。

都市空間

われわれが日常的に棲み込んでいる都市空間と「宗教的心性」とはどう関係するか。都市空間を構成する要素は、ケビン・リンチによれば、パス、ノード、エッジ、ディストリクト、ランドマークの五つである（『都市のイメージ』〈岩波書店〉）。いずれも社会的共通資本である都市空間にとって重要な構成要素であるが、なかでも都市生活者にとって大事なのはパスとノードとディストリクトである。都市を区画する標識（エッジ）、目印（ランドマーク）は都市のなかでの自分の位置取りを確認する参照項としては有用であるが、「宗教的心性」存在者にとってはその意味論的な豊かさという点ではパス、ノード、ディストリクトの方が遥かに大きい。

パスはヒト・モノ・コトが行きかう豊かな文化空間であり、たとえば路地裏は子どもの格好の遊び場でもあるように貴重な生活空間でもある。ノードはたとえばパスとパスが交錯する結節場に形成される盛り場・繁華街などのようにいずれも都市生活者にとって欠かせない憩いの都市空間である。ディストリクトは住民相互が安心・安全な日常を保障し合える大切な親密空間である。これらのパス、ノード、ディストリクトには社会的、文化的、歴史的などのさまざまな要素がモザイク状に組み込まれている。〝歩行者天国〟や〝市民参加の都市イベント〟などの今日的行事もそのモザイク模様にさらにさまざまな彩りを添える。

しかし、都市空間にはこれらと違ったもうひとつの欠かせない要素、すなわち、自然のなかで憩い寛げる非日常の空間がある。たとえば公園とかあるいは見晴らかす景観などがそれである。そこにあるのは、すべてをハコモノのなかに閉じ込めようとする自閉空間を脱していっときであれ人間的豊かさを回復することのできる開放空間への希求である。キリスト教社会ならチャーチや、イスラム社会ならモスクなどもそのような空間であろうが、神仏習合のわが国ではそのような非日常空間として社寺の境内、鎮守の森などの歴史的・民俗的・自然的文化空間があちこちにあって、かっては社寺の祭礼や縁日、秋祭りの輿担ぎや盆踊りなどの諸行事がそこで多彩・多様に催された。それは憩い寛ぎの場であるだけでなく、市民的交流の場であり、死者たちとの霊性的交流の場でもあった。そこはわれわれの活動様態＝「基本姿勢」を支える「情理融合」の心性的エートスが涵養される場であった。しかしいまではそれらの豊かな心性的生活文化は単なる習俗として扱われるか、あるいは観光資源化されるなどそこから「宗教的心性」は失われかけている。いま求められるのはそれらの「情理融合」の心性的交流の場を都市空間の中にどう「展き」直すかである。

われわれは非日常の空間（ハレの場）で自分を超えた何かに触れたような、あるいは魂の故郷に帰ったような、「宗教的心性」に直に訴えかけてくるものとの共振・響応・融合を体感しながら生きてきた。そのような心性的体験と日常生活（ケの場）とが融合された都市空間（地域空間）をこれからどう「展く」か、そのような場と機会をより多くもてるような「やわらぎ」のある心性的トポスを都市空間（地域空間）のなかにどう「らしく」多彩に作り出せるか、（たとえ疑似体験であっても）それができればそこに生きる都市市民の活動様態＝「基本姿勢」にもいまよりは多少なりとも奥深く魅力ある光彩が添えられるだろう。そのような領域横断的な「展き」をいろいろ工夫するなかにおいてこそ「精神の意志力」としての「覚信力」に支えられた「基本姿勢」も改めて自己確認される。

③「宗教的心性」による世界対処―国家、政治、法規範

人はみな自身が「かけがえのない一人」であるとの自覚をもって日常を生きている。この世にある人・物すべてにそれぞれ持って生まれた使命があり、それを完うさせるのは万物の霊長たる人間に等しく課せられた責務（自分のために自分の力で修する実践）であるとの「覚信」がそこにある。

「覚信」とは具体的にはどういう事態か、どんなイシューであれそれを受け取る側にそれ

に応答する準備がなければイシューは気づかれることなくただ傍らを通り過ぎるだけである。「宗教的心性」に覚醒し明敏な感受のアンテナを日常のあらゆる生活局面に張り巡らしているならどんな事象にたいしても主体的に（他律的規範化作用に左右されることなく）自らが拠って立つ「融通無碍」（「第一章」）の境位に即して、領域横断的視界の下で柔軟に世界対処ができるはずである。「精神の意志力」としての「覚信力」を以って日常的営為の「場」にわが身をどう「啓く」か、その行動様態＝「基本姿勢」がそこにおいて自己確認される。

高齢者はもともとそれに相応しい位置取りをして生きている。特権的な立場から一義的にすべてをひと括りにするのではなく、また他律的な規範化作用に左右されることなく、できるだけ多義的な解釈のもとで、「宗教的心性」によって自らの行動様態＝「基本姿勢」を「らしく」「たおやか」に生成しようとする。国家、政治、法規範にどう向き合うかを例に、「啓かれ」た領域横断的視界の下で「らしく」「たおやか」に振舞うとはどういうことかを以下で見ていく。そこに一貫して問われるのは「宇宙摂理」のハタラキを「宗教的心性」によって日常的営為へと「融通無碍」にどう「啓く」か、それによってこの世の具体的諸事象に対処するうえでの行動様態＝「基本姿勢」をどう自己確認するかである。この問いには無数の襞が折り込まれている。その襞の一つひとつを「啓く」心性的意識作用を通して人は自らが「宇宙摂理」「宇宙生命」のハタラキに共属するものであることを改めて再確認し、自らをさらに一段高次の霊性的存在へと自己練成する機縁とする。そのなかで「精神の意志力」としての「覚信力」もいっそう勁められる。

世界対処

人間の行なう「世界対処」には三つの側面がある。中核価値把持側面（ストレンジ・アトラクター）、状況選択側面（セレクター）、経路依存側面（ヒステリシス）である、それぞれ「国家」、「政治」、「法規範」への向き合い方に関わる。

「ストレンジ・アトラクター」とは、人間集団を統摂する中核価値（目標）のことを言う。中核価値主体としての「国家」のあり方が問われる。

「セレクター」とは、つど適切な状況選択を行なうことを言う。「政治」行動を支える。

「ヒステリシス」とは、それまで閲して来た経路に則って事を運ぶことを言う。「法規範」はその典型である。

「ストレンジ・アトラクター」、「セレクター」、「ヒステリシス」については「第三章」《補論》を参照されたい。

国家

領域横断的視界によって人は国家にどう向き合うか、その行動様態＝「基本姿勢」を自問するところから見ていくこととする。

近代国家は「平等な個人が自由意志に基づいて構成する共同体」を理念としてスタートした。その版図が拡大し多様な人種や民族をその内部に抱えるようになると国家は「法学的・形式的枠組み」として捉えられるようになる。そして対立する内部矛盾からやがて「集団の利益を重視する多元主義国家」へと解離していき、そこからふたたび国家は「人間がその個性と能力を自由に発揮するための市民連帯の場」へと再編されていく。しかしやがて政治経済のグローバル化、ユニバーサル化などに伴って国家の枠組みが流動化していくにつれ改めて「国家統合の精神的拠りどころ」が求められるようになる。このように時代の状況に応じて「個の自由」と「全体の秩序」の相関はさまざまに変容していく。そこには「国家公共」とは何か、「公共生活者」として生きるとはどういうことかを自問しつづける「国民」がいる。

「公共生活者」たる「国民」が「国家公共」主体へと「らしく」「たおやか」に統握されるにはそこに「国民」が大勢として納得する中核価値が提示されねばならない。その中核価値把持はあくまでも国民各人の時空を超えた「融通無碍」な領域横断的視界の下での自己反照的・相互反照的討議の場に委ねられるべきであって、それを規範的・一律的に統制しようとすれば、そこに原理主義的イデオロギー国家体制を呼び込むことになりかねないし、また、そこにはポピュリズム政治への頽落の危険性も孕まれる。問題は、それを乗り越えることのできる中核価値の内実如何である。しかしそのような中核価値（たとえば、愛や慈悲、幸福や安寧、感謝や思い遣り、など）は希求対象として掲げられるだけのあたかも「光」のようなものである。「光」は厳として存在してもそれを写すものがなければ「光」は自らを現すことはできない。各人の「宗教的心性」がその「光」を写す「鏡」の役割を果たす。「鏡」には、大文字の他者、父母をはじめ父母未生以前に連なる「死者」たち、現に自分を取り巻いている「家族」「友人」たち、さらには「後生の諸々の生者」たちの「目」も含まれる。人はその「鏡」・「目」によって自分自身を写し見る。その写映の「場」こそが「融通無碍」の「基本姿勢」が自己確認される場所である。そこでは一切のイデオロギーやポピュリズムは撥無される。

諸々の宗教・宗派を超えて、「光」とそれを写す「鏡」との相関如何がいま改めて問われている。そこには定式化された「解」はない、「問い」は皆人にいつも・すでに開かれたままである。高齢者といえども誰ひとりその問いの埒外に身を置くわけにはいかない。「精神の意志力」としての「覚信力」を以って、自身の生きる「基本姿勢」を自己確認しつづけるしかない。

「国家統合の精神的拠りどころ」

世界的に保守化の傾動が見られる昨今、改めて歴史の流れの最先端に「視座」を定めて「国家統合」のあり方を冷静に捉え直す必要がある。一歩間違えばそこからナチスのような全体主義的イデオロギー国家がふたたび生まれてこないという保証はない。たとえば自国第一主義は明らかに「全体の秩序」、すなわち国家サイド（権力志向体制）に軸足を置いた論議であって「個の自由」はその方便として使われるだけである。国を愛する前に、人はまずは自分自身および自分の家族、身近な人を愛する。人は「国家統合」のような抽象的規範観念のために身を犠牲にすることは本来的にあり得ない。あるとするならそこには陰に陽に権力による操作誘導が、場合によっては強制があってのことである。

かって、愛国心は「非国民」「反国体論者」という脅迫的言辞とセットであった事実を忘れるわけにはいかない。しかし一方では「ヴィジョンなき民は滅ぶ」という旧約聖書の言葉もある。「国家公共」という生き方と個々人が「公共生活者」として拠って立つ行動様態＝「基本姿勢」とをどう連接させるか、その精神的拠りどころを奈辺に求めるか、それに相応しい制度機構をどう設計するかは永遠に今日的課題でありつづける（この点については拙著『「国家公共」という生き方』〈三和書籍〉で考究した）。

政治

政治に「宗教的心性」はどう向き合うかが次に問われる。人知では計り知れない「宇宙摂理」のハタラキが示す超越的力能への畏怖からわが国では古来それをカミと呼んで「まつって」きた。古代にあってはカミを祀る「まつりごと」が、民を「まつろわしむる」ための技法としての政治であった。人間の歴史は、この「まつり」と「まつりごと」の間で繰り広げられる相関生成の歴史という側面をもつ。あるときは宗教（「まつり」）優位の神権政治がおこなわれ、あるときは政治（「まつりごと」）優位の権力政治あるいは人権政治がおこなわれる。時代、地域、あるいは宗教によってその相関は多様である。現代のわが国では「憲法第二十条」で「信教の自由」と並んで「国の宗教活動の禁止」が謳われていて政・教は分離されているが、かってては国家神道を超宗教に仕立てることによって天皇制国家イデオロギーによる全体主義政治がなされたごとくである。

では、今後「宗教的心性」は政治とどう関わるか。地球規模の環境破壊、格差問題、貧困、飢餓、難民、あるいはテロ・紛争という名の戦争、どれをとっても政治だけで片づく問題ではない。政治はこれらの問題についてこれまで満足な解答をほとんど見出し得ないできたと言ってよい。むしろそれを作り出す原因とすらなってきたという側面もある。一方、宗教の方も「人類の幸福と世界平和」というような普遍的価値理念は掲げても人類の未来に関わる地球的規模のイシュー群（たとえば地球温暖化、環境破壊など）にたいする具体的な取り組みとなると全体的趨勢としてはまだ理念的なものに止まっている。あるいは逆に偏倚した過激思想に乗っ取られるケースも現に起こっている。求められるのは「融通無碍」な領域横断的視界の下での「らしく」「たおやか」な「生き方」をどう「啓く」かである。かって人間がこのような閉塞状態に見舞われたときには「宗教的心性」による一揆現象がさまざまに見られた。わが国での例なら、古くは行基や空海などの勧進活動による民衆動員もそれなら、鎌倉仏教の祖師およびその法嗣たちの大衆に交っての布教活動もそうである。近世・近代における民俗的宗教あるいはいわゆる新宗教の簇生などもその一環とみることができよう。それらに触発されるかたちで政治局面でも領域横断的な一揆的改革運動が随処で見られた。

宗教パワーであれ、政治パワーであれ、あるいはその相乗作用であれ、「精神の意志力」としての「覚信力」によって裏打ちされた「宗教的心性」の一揆的覚醒は今後果たして起こるだろうか、起こるとすればどういう形か、高齢者はそこにどう関わっていけばよいか、その回路開鑿はどうであれそれには互いが「国家公共」を体現する「公共生活者」として「場」に即して状況選択を誤らないことが肝要である。求められるのは相互生成的な相関統握の行動様態＝「基本姿勢」である。ここでも問いはいつも・すでに開かれたままである。

法規範

法規範にどう向き合うか、そこに「宗教的心性」はどう関わるか。人が自らを公・私に亘って仕付ける価値規範として昔は宗教的エートスが果たす役割が大きかった。世俗の法規範に委ねられる部分も多くは宗教（信仰）がそれを根柢で支えた。歴史が進展し社会が秩序づけられ公私両面に亘る法規範が整備されていくにつれて宗教（私的生活倫理を支える信仰領域）がカバーする部分は徐々に縮少していくが、それでも法規範がカバーし切れない（あるいは法規範に自己拘束的に委ね切ってはならない）自律規範は依然として多く残されるから、私的価値倫理を支える「宗教的心性」（信仰領域）は依然として社会的通用性をもちつづける。それだけではない、問われるのは、公的世界を律する法規範は私的世界を律する社会的価値規範と整合的かどうか、法規範を支えるに「宗教的心性」は十全に働いているか、端的に言って「宗教的心性」にとって根源的な〝愛〟や〝慈悲〟は法規範の根底に果たして息づいているると言えるか、などの領域横断的視界の下での検証である。

たとえば、聖徳太子の『憲法十七条』の「和（第一条）・礼（第四条）・信（第九条）・公（各条はすべて「公」に関わると言えるが特に第十五条・第十七条）」の精神はその「宗教的心性」によってわが国の法規範の根源を永く広く深く潤して来た。「宗教的心性」が涸渇すれば結局は法規範はやがて形骸化し内側から崩壊する。今日のように方向感が見失われ、人があたかも散乱し浮遊する微粒子のごとき存在と化してしまおうとする時代ではなおさらである。なかには恣意的に仮構された偽規範を密かに持ち込んでその周りに自己自身および他者を誘導し糾合しようとする傾動も現に見受けられる。コンフォルミスム（同調強制主義）、集産主義、あるいは自国第一主義などにも多分にその惧れがある。いま求められているのは、むしろ「不確実性を修正しようとするのではなくて、基本的な規則として不確実性を流通させる」（ボードリヤール『不可能な交換』〈紀伊國屋書店〉）、そのような「たおやか」な「融通無碍」の行動様態＝「基本姿勢」の自己確認である。

では、一方で不確実性を流通させながら、他方ではそれを統摂する法規範を定位・定立・定着させるというこの二律背反（パラドクス）を調停できるものは何か、矛盾対立するものの間を融合する媒液の働きをし、遠く隔てられたものの間で共鳴・共振を起こさせる共鳴盤の役割を担い得るものは何か、それにはこれまでに蓄積されて来た英知的体験に経路依存しながらつど進路調整するしかない。「国民」各人が「精神の意志力」としての「覚信力」(「宇宙摂理」「宇宙生命」の霊性的自覚・覚知)を以って「宗教的心性」を「らしく」「たおやか」に生きるしかない。しかし、それが矛盾葛藤を一挙に撥無してしまおうとする原理主義的偏倚に乗っ取られるようなことがあってもならない。求められるのは「宗教的心性」に根源的に根ざした『憲法十七条』のような領域横断的視界によって「啓かれ」た倫理的実践規範を宗教・宗派を超えてみなでどう創成するかである。

④「宗教的心性」の「根源開示」ー科学、芸術

「融即帰一」(「第一章」)が高度の理性的次元において「開かれ」る際に体得されるのが「科学」的心性であり、それが高度の感性的次元において「開かれ」る際に体得されるのが「芸術」的心性である。「科学」的心性と「芸術」的心性とは「宗教的心性」の「根源開示」と深い次元で通底し合っていることを人は「精神の意志力」としての「覚信力」を以って「覚り」知る。それによりわれわれの生活様態=「基本姿勢」にはよりいっそう豊かな光彩が添

えられ、人は人間存在の根源に改めて覚醒する。

「根源開示」

古来、人類は暗黙次元（「宇宙摂理」のハタラキの次元）にたいしさまざまな表現を与えてきた。われわれ日本人がタマともモノともあるいはカミとも呼んできたのはその暗黙次元が内包する玄妙な力能のことである（「霊性的直覚」がそれを体認する）。われわれの祖先はその力能・内包力に与かろうとタマを揺り動かし、モノを畏れ、カミに祈ってきた。同時に、その力能・内包力が人間世界に不用意に立ち現れて災厄をもたらすことがないようタマを鎮め、モノを祓い、カミを祀ってもきた。その祈り、祓い、祀りという思念的媒介行為を通して先祖は「宗教的心性」に覚醒し、そこに「宇宙摂理」のハタラキを覚知した。

ホワイトヘッドは次のように言う。「直接な事物の流転の彼方にあり、背後にあり、また内面にあるもの。……実在であって、しかも実現を待っている或るもの……最も遠い可能性であって、しかも現実の事実中の最大の事実である或るもの……去来する総ての事に意味を与え、しかも我々の理解では捉えにくい或るもの……それを有することが至高の善であって、しかも到達しがたい或るもの……窮極の理想であると共に、望みなき探求である或るもの、この或るものへのヴィジョン」、この「或るもの」とはわれわれの無意識のうちに深く蔵された「無限定の能産的自然の活動態」（井筒俊彦）、すなわち「宇宙摂理」のハタラキである。この「或るもの」「無限定の能産的自然の活動態」「宇宙摂理」が意思（意想・思念）レベルで受け止められたとき「宗教的心性」の覚醒に伴って、そこに人間存在の「根源」への回路が「開示」される。「根源開示」は「融即帰一」の境位が高度の理性的・感性的次元において「開かれ」る際に体得される出来事である。それによってわれわれの生活様態＝「基本姿勢」にはより豊かな内実が与えられる。

科学

「宗教的心性」は科学とどう関わるか。人類はいつの時代も宇宙の「神秘」（「宇宙摂理」の玄妙なるハタラキ）を包括的に説明する原理として科学を発達させてきた。科学が発達するにつれてそれまでの科学的説明原理ではカバーしきれない不可知の部分がかえって増大していく。そこにまた新しい科学が誕生する。こうして新しい科学が「開く」新しい知見にしたがって世界（「宇宙摂理」のハタラキの覚知領域）はつねに新しくされていく。

ではその点でいま「宗教的心性」に求められるのは何であろうか。たとえば、物理科学・

宇宙科学・生命科学・脳神経科学・精神衛生科学などの先端諸科学にたいし「宗教的心性」は正面から向き合っていると言えるだろうか。科学が「宇宙摂理」のハタラキの諸相を明らかにしていくのに合わせて「宗教的心性」は自らをその「宇宙摂理」に即してつねに新しくしていると言えるだろうか。諸科学は「宗教的心性」によって自らを逆照射することで「宇宙摂理」に即した人間科学を真に目指していると言えるだろうか。いま「宗教的心性」に求められるのは最先端科学の光を照射することによって自らを諸科学と親和性のある世界へと領域横断的な視界のもとで柔軟に「開き」直すことであり、諸科学に求められるのは自らのあるべき進路を過つことのないよう「宗教的心性」によって照射しつづけることである。そこには「根源開示」への不断の挑戦がある。そうでない限り「宗教的心性」は「神話的世界」「ドグマ的世界」「民俗的世界」に旧態依然として閉じられたままで現代人にたいして訴求力をもち得ないだろうし、科学はあるべき人間科学の道からますます外れていくこととなりかねない。そうなれば「宗教的心性」が本来もっているべきはずの〝いのち〟の源泉(「宇宙摂理」「宇宙生命」のハタラキとの根源的な共振・響応・融合体験)もやがて涸渇(衰弱)させてしまうだろう。そうなれば「宗教的心性」自体もわれわれにとってますます迂遠なものとなる。科学を包越する「宗教的心性」の「言説」のあり様がいま改めて問われている。スピリチュアルな神秘体験のようなものを語ろうというのではない。「神の愛」「仏の慈悲」などの象徴的言辞と心理学や脳神経科学の最新成果、これら次元（範疇）を異にするもの同士を領域横断的に如何に「たおやか」に「ありのまま」結びつけるかである。

その難問に他の誰よりも粘り強く真摯に取り組んだ先蹤が南方熊楠（1867－1941）である。彼は「宗教的心性」の働きとしての自分の〈心〉と、自分が住む〈物〉の世界との間で、その二つを総合する〈事〉の学をいわゆる「南方曼陀羅」（それは無窮真奥の真言曼陀羅に包摂される）として構想した。それは彼にとって日常の生活様態＝「基本姿勢」であった。そこには包括的真理に到達しようと不断に努力する「科学的精神」、無限永遠なるものに畏敬の念を失わない「宗教的心性」、自身の所行が衆生済度の菩薩業であるとの「覚信」があった。この熊楠のような宗教学者即科学者がいま求められている。

文芸の世界でそれを探すなら宮沢賢治がその人であろう。彼の人格のなかで「宗教的心性」（自家の宗教は「浄土真宗」、自身は「法華経」の行者）と芸術（詩と小説などの諸文芸活動）と科学（農に関わる土壌改良、化学肥料研究など広範な科学的研鑽）とは一つであった。しかもそれは死の瞬間まで彼の日常的実践（生活様態＝「基本姿勢」）そのものであった。

芸術

人間が到達する「宗教的心性」の窮極は芸術にある。芸術と「宗教的心性」はともに「宇宙摂理」「宇宙生命」のハタラキにおいて相互浸透・相即相入の関係にある。古来その響応体験によって両者はその精神性・霊性を互いに深め合ってきた。しかし一方では、芸術と「宗教的心性」の日常レベルでの無原則的融合がかえって「宗教的心性」を晦ませ、それによって芸術の方もその原初的活力を涸渇させ、あるいはそこにカルト化やドグマ化の弊を生んだという批判もなされる。

いずれにせよ見失われてならないのは芸術と「宗教的心性」はともに「宇宙摂理」「宇宙生命」のこの世への開顕だというその同根源性である。そこには「霊性的直覚」と「宇宙摂理」「宇宙生命」との共振・饗応・融合体験がある。動的生成プロセスへの「開かれ」がある。そこにおいて目指されるのは「根源開示」の絶対自由の「創造」の世界である。人が生きる「基本姿勢」の精髄がそこにある。その「根源開示」に何らかのかたちで与っているとの「覚信」が持てたとき人は自分もまた「宇宙摂理」「宇宙生命」の絶えざる循環生成（「融解生成」「情理融合」「融通無碍」「融即帰一」の「融」的プロセス）を生きているという絶対自由の境地を味得することができる。それによって人はより広闊に「開かれ」た領域横断的な視界のもとで独善的自己惑溺や妄想的自己錯認から自由な自在無辺の領野をより謙虚に、より寛闊に、より「たおやか」に「ありのまま」生きて行くことが可能になる。

芸術とは、もともと暗黙次元を裂開させ「宗教的心性」を覚醒させ、それを明示次元・形式次元（日常性次元）へと「開き」直して、そこに美的・精神的表徴を創出する形象作用としてある。つまり、芸術と「宗教的心性」とはともに「宇宙摂理」「宇宙生命」のこの世への映現であり、暗黙次元が裂開する一瞬の光芒を優れた感性的・霊性的直観で把捉してそれを万人が享受し得るものへと映発させ形象化・表徴化するところにその本来の存在根拠がある。その形象・表徴によって人の生活様態に奥行きが与えられる。

「宇宙摂理」「宇宙生命」つまりは「宗教的心性」を画布に写した画家として誰もが想起するのはたとえばセザンヌである。「セザンヌの絵は宇宙エネルギーに満ちている。彼は、今の瞬間に死にかつ生まれる世界を、なんとかしてつかまえようとしていた。世界のそういう実相を認識した上で調和を見つけ、最も適切な表現を与えようと努めていたのだ。セザンヌの芸術は、自然が持続しているということの戦慄を見る者に与える。それは自然を永遠なものとして味わせてくれるのである」。「自然は時間の中で変化し続け必然的に滅びに向かう一方で常にまた生まれるものであること、万物がそのサイクルのなかに存在することを示している。滅びかつ新しく形成される宇宙の力を強烈に感じさせるのが、セザンヌの風景画である」（『セザンヌの地質学 サン・ヴィクトワール山への道』持田季未子〈青土社〉）。「宇宙摂理」「宇宙生命」のハタラキを余すところなく画布に描き取ろうとするセザンヌのサン・ヴィクトワール山の連作は「宗教的心性」による「根源開示」の現場体験そのものと受け取ることができる。

わが国の例で言うなら、日本画家 後藤純男（1930～2016）がそれであろう。真言宗豊山派の寺院に生を受け、13歳の若年から仏道修行をつづけつつ16歳から本格的に画業を学び、22歳で院展に初入選して以降それに専心する。

峩々たる懸崖を流れ落ちる万丈の滝の水勢、突兀たるむき出しの岩肌、幽邃な山峡に滔々と渦巻く大河、百花繚乱と咲き競う桜花、処々枝々に降り積もる無量の雪片、等々これら大自然とそのなかでの人間の営み、そのすべてに大日如来の説法のコトバを聞き、それを豊かな「宗教的心性」をもって、いわば自らが大日如来の化身となったかのごとく、精妙な筆致で大作の画布に写しとったのが後藤画伯である。画伯にとって峻厳幽邃な大自然の佇まいはそのまま「宇宙摂理」「宇宙生命」の曼荼羅、大日如来のこの世への示現であり、画業それ自体が「根源開示」の所行であり、「三密加持」の修行だったのである。そこには「宇宙摂理」「宇宙生命」の絶えざる循環生成（「融解生成」「情理融合」「融通無碍」「融即帰一」の「融」

的プロセス）をともに生きることの「覚信力」が一筆一画に息づいている。「仏日の影が行者の心水に現じる」のが「加」、「行者の心水が能く仏日を感じる」のが「持」とするなら、「心水」（「三密＝身・語・意）と「仏日」（「宇宙摂理」のハタラキ）は後藤画伯において「感応道交」して一如であった。そこに描かれてあるのは広大無辺の宇宙、事々無礙法界、沈黙の語り、停止した時間、重なり合う空間、気韻生動、「宗教的心性」そのものである。画伯の言葉を聞こう、「実際にはあのような光景は自然界の中にはないですが、画面を作る上であした表現が必要なんです。写真に撮ったような、自然を自然のままで描いたおとなしい風景画とは違って、自分で意識的に風景を作り変えて、力強い世界を創造しようとしていました。山にも滝にも樹木にも、現実とちょっと離れた、造形的なものを狙って。写実的に描いたのでは、精神性が高く深いものを造り出したいという気持ちを表現しきれません」（『後藤純男画集』〈後藤純男美術館〉ほか）。晩年の作品に滲みとおる慈しみの情感は画伯にとって画業精進がそのまま「根源開示」であり、「融即帰一」の仏道修行・菩薩行であったことを想わせる。「万物が仏象として光を放つ」と画伯は言う。画伯は自身のアトリエを兼ねる「後藤美術館」（上富良野町）に所蔵の旧作に新たなインスピレーションが湧くたびに終生筆を加えつづけたという。そこにはつねに「精神の意志力」としての「覚信力」による新たな発見と創造があった。画伯にとって「宇宙摂理」「宇宙生命」「宗教的心性」の体認・体得・体現、その修證に終わりはなかった。

芸術と宗教

芸術と宗教はともに、人間に自然の感情を呼び覚まし、人間が「宇宙摂理」「宇宙生命」によって生かされている存在であること、つまり自身が「宇宙摂理」「宇宙生命」を生きる「宗教的心性」の当体であることを再確認させる。芸術は宗教とともに久遠無窮の「宇宙摂理」「宇宙生命」を一挙的に捉える。カントに倣うなら、それは理性（…認識能力）、悟性（…欲求能力）、感性（…快苦感情）が調和的に統合された共通感覚（…美的判断力）による世界理解である。「宇宙摂理」「宇宙生命」から根切りにされ「宗教的心性」を喪失して自己完成のみを指向する芸術や宗教はやがてその根源的活力を失って形骸化し、ときにイデオロギー化し、ドグマ化していく。いまこそ芸術と宗教はその同根源性（「宇宙摂理」「宇宙生命」のハタラキ、「宗教的心性」の根源、「ヌミノーゼ」の畏怖と魅惑）に立ち還って、両者の前に広がる無限の領野をともに「根源開示」すべき秋である。「宗教的心性」を「ありのまま」に「たおやか」に生きる生き方はそこにまで達している。

以上「第二章」では、人が「宗教的心性」の覚醒によって獲得した領域横断的な視界のもとで日常事象に対処するうえでの「基本姿勢」を自己確認する次第について、高齢者を念頭に置きつつ人一般にも視野を広げて見てきた。そこにあって根源的な力として問われるのが「精神の意志力」としての「覚信力」である。その「覚信力」を以ってする多様・多彩・多重な生活体験のなかで人間力の根幹をなす「精神の意志力」はさらに勁く鍛えられる。「精神の意志力」は日常的実践の「場」において「信念的価値審級」(「人倫的価値審級」)へと翻転される。その「価値審級」を以って高齢者は固有の仕方でこの現実世界に立ち向かう。次の「第二部」でその次第を見ていく。

第二部

「ニュー・ジェロントロジー」

「霊性的自覚」により「宇宙摂理」「宇宙生命」のハタラキとの共振・響応・融合を「洞察力」を以って体認するとき（「第一章」）、そして、「宇宙摂理」「宇宙生命」のハタラキの体現主体たるべく「宗教的心性」の覚醒によって「精神の意志力」としての「覚信力」を以ってこの世に処する「基本姿勢」を自己確認するとき（「第二章」）、高齢者はその体認・体得を社会との関わりのなかで具体的にどう体現するかという問題に改めて想到する。そこには働き世代の一般人とはおのずから異なった「信念的価値審級」（「人倫的価値審級」）に基づく生活態度（「生きるかたち」）がある。すなわち、「社会的共通資本」の体現主体たるに相応しく、「社会的公共財」として認められるに相応しい「人財」たるべく、その通用性・適応性を身を以って示そうとする（「第三章」）。

「第一章」「第二章」を含めてこの「第三章」まではいずれも現実世界にたいする個人としての「生きるかたち」に関わる事柄である。個人としての「わたし」の「いのち」は「この世」に生きてある限りのものであることは誰しも免れないが、それが「文化的伝統」の正統な継承にいささかなりとも与り得ていると自己確認できるなら、そして、そのことを自身の「審美的価値審級」（「心情的価値審級」）として自己承認できるなら、人はそこに自身が「宇宙摂理」のハタラキに共振・響応・融合する存在であることの「愉悦」を覚える。そのとき「わたし」の「いのち」は「宇宙生命」の〝いのち〟とともに永遠となる（「第四章」）。

「第二部」（「第三章」「第四章」）の表記を「ニュー・ジェロントロジー」と題するのはそこに高齢者に望ましい「生きるかたち」が集約されていると見るからである。

第三章　「社会的公共財」を生きる

高齢者といえども自らの生存価値をすこしでも高めるべくその努力を生涯怠ってはならない。「世のお荷物」「負の資産」などといったマイナスイメージに自らを閉じ込めてはならない。身の不自由や身辺の不全を数えあげればキリがない。だからと言って、「行くところがない」なら行かねばよい、「来る人がいない」なら待たねばよい、「することがない」ならしなければよい、「話を聞いてくれる相手がいない」なら話さねばよい、「居場所がない」なら自分の中にそれを作ればよい、……などと自らを「孤立」「無縁」存在へと自棄してもならない。

高齢者も「公共生活圏」を生きる「公共生活者」として自身の「道徳規範」「倫理規範」「行動規範」「生活規範」を実生活面でどう具現化するかの手立てを生涯に亘ってさまざまに講じながら生きねばならない。大多数の高齢者は現にそうやって日々を生きている。その根柢には無意識下であっても自身が「社会的共通資本」の主体的担い手にしてかつその有能な活用者でもありたいとの「信念的価値審級」(「人倫的価値審級」)に裏打ちされた而立而存(諸々の柵を踏まえてなお自立自尊する自己)の意思がある。高齢者はその「自恃・自矜」の意思をもって高齢者らしく「社会的公共財」たるべく自らを社会へと自己投企する。

本章ではその「社会的共通資本」の創出・運営・管理という共通課題に関わる高齢者ならではの「参画」・「貢献」の次第、高齢者独自の「社会的公共財」としての「あり様」について見ていく。

宇沢弘文氏は「社会的共通資本」について次のように定義する。

「社会的共通資本」とは「すべての人々が、ゆたかな経済生活を営み、優れた文化を展開し、人間的に魅力ある社会を持続的、安定的に維持することを可能にするような社会的装置」である。そして、それが目指す「ゆたかな社会とは、すべての人々が、その先天的、後天的資質と能力とを充分に生かしてそれぞれのもっている夢とアスピレーションが最大限に実現できるような仕事にたずさわり、その私的、社会的貢献に相応しい所得を得て、幸福で、安定的な家庭を営み、できるだけ多様な社会的接触をもち、安らかで文化的水準の高い一生をおくることができるような社会」であって、「それはまた、すべての人々の人間的尊厳と魂の自由が守られ、市民の基本的権利が最大限に確保できる社会」である。

この「すべての人々」には当然のことながら高齢者も含まれる。これを高齢者の「あり方」という視点から改めて読み直せば次のようになる。

①先天的、後天的資質と能力によって「社会的共通資本」が窮極価値として目指す「ゆたかな社会」の担い手かつその享受者たるべく、
②それぞれが「夢とアスピレーション」をもち、それを「最大限に実現」させるよう心掛け、
③それぞれに「私的・社会的貢献」を行い、それに「相応しい」評価を得て、
④「幸福で、安定的な家庭を営み」、
⑤「できるだけ多様な社会的接触」を保ち、
⑥「安らかで文化的水準の高い」日常をおくれるよう努め、加えて、
⑦「人間的尊厳と魂の自由」を守り、
⑧「市民の基本的権利」を「最大限に確保できる」ように生きる、

そういう而立而存の「生き方」を高齢者も心がけるべきだということである。

つまり、高齢者自身も「社会的共通資本」の担い手として、すなわち「社会的公共財」として認められるに相応しい「人財」たるべく、その通用性・適応性を「自恃・自矜」を以って体現（実証）すべきだということである。

しかし右記①〜⑧の各項を充足し得るだけの「人財」＝「社会的公共財」たるには相応の

精神的・身体的な「つよさ」が求められる。単なる「強さ」ではない、「ありのまま」に「らしく」、「やはらぎ」をもって「たおやか」に生きる「勁さ」である。以下で主題的に取り上げるのはそのための高齢者に特有の「道徳規範」「倫理規範」「行動規範」「生活規範」の「あり様」についてである。その根柢には（無意識下であっても）自らが「宇宙摂理」「宇宙生命」のよりよき体現主体たらんとする「信念的価値審級」（「人倫的価値審級」）がある。

その概要を図示すれば〈図3〉のようになる。

本図は（図1）と重ね書きしている

「社会的公共財」にあっては、

①「道徳規範」「供犠＝相互和合」は「融解生成」に連接する。すなわち、世の成り行きに身を委ねつつ、しかし己を見失うことなく日常に勤しむことである。つまり、覚悟（意志）を定めて自身の「存在様態」を「抜く」ところに「供犠」の精神、「相互和合」の所業に裏打ちされた「道徳規範」が生起する。

②「倫理規範」「贈与＝相互信頼」は「情理融合」と重なり合う。すなわち、自らを恃むしかないとの信念（諦念）を以って、互いの共生を慮って他者のためにわが身を差し出す（贈与する）ことである。つまり、深い自己省察の下で自身の「活動様態」を「展く」ところ

に「贈与」の精神、「相互信頼」の所業に裏打ちされた「倫理規範」が生起する。

③「行動規範」「謝恩＝相互理解」は「融通無碍」と同一線上にある。すなわち、何ものにも捉われることなく、あらゆることに感謝報恩の思い（精神）を籠めて日々の務めに励むことである。つまり、自分が社会との多様な関わりのなかで生きていることを認識して自身の「行動様態」を「啓く」ところに「謝恩」の精神、「相互理解」の所業に裏打ちされた「行動規範」が生起する。

④「生活規範」「奉仕＝相互支援」は「融即帰一」に繋がる。すなわち、拠るべき中核価値を深く自認したうえで、世のため他者のためにわが身を奉じることである。つまり、互いが相互の支え合いによって生かされている関係性存在同士であることの自覚を以って自身の「生活様態」を「開く」ところに「奉仕」の精神、「相互支援」の所業に裏打ちされた「生活規範」が生起する。

〈図3〉

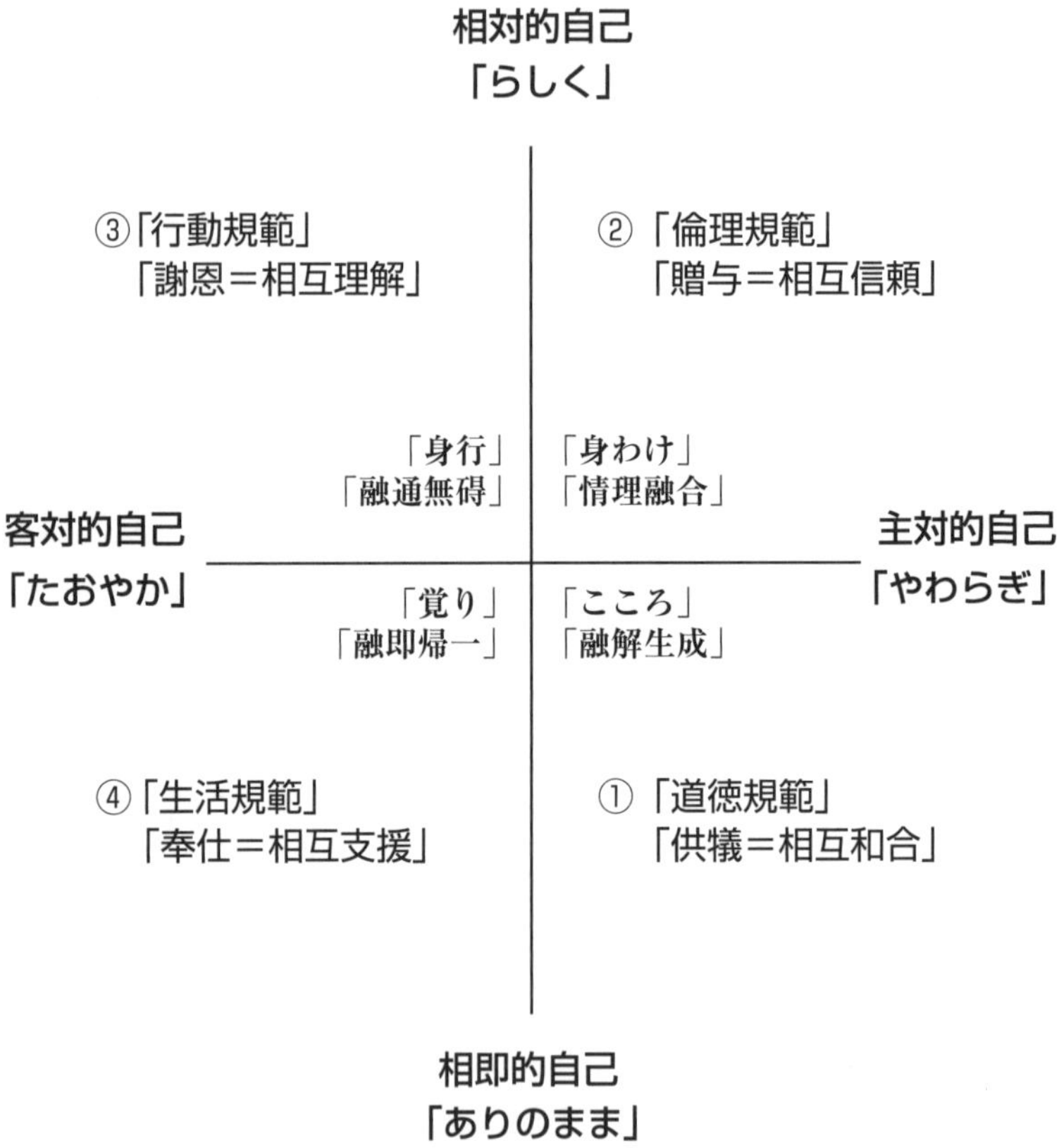
相対的自己
「らしく」
③「行動規範」
「謝恩＝相互理解」
②「倫理規範」
「贈与＝相互信頼」
「身行」
「融通無碍」
「身わけ」
「情理融合」
客対的自己
「たおやか」
主対的自己
「やわらぎ」
「覚り」
「融即帰一」
「こころ」
「融解生成」
④「生活規範」
「奉仕＝相互支援」
①「道徳規範」
「供犠＝相互和合」
相即的自己
「ありのまま」

高齢者が「社会的公共財」たるべく、「道徳規範」・「倫理規範」・「行動規範」・「生活規範」の生起主体として目指すのは、

①「こころ」の次元において「社会的公共財」としての「供犠＝相互和合」の精神＝所業を「抜き」、

②「身わけ」の所為を介して「社会的公共財」としての「贈与＝相互信頼」の精神＝所業を「展き」、

③「身行」の体験を通して「社会的公共財」としての「謝恩＝相互理解」の精神＝所業を「啓き」、

④「覚り」の境位において「社会的公共財」としての「奉仕」＝「相互支援」の精神・所業を「開く」、

ことである。

ここには「経済財」に特有の計算合理性の追求といった他律的な規範化作用や社会通念への思惑、あるいはそれによってもたらされる不全感や自己拘束的強迫観念などはいっさいない。あるのは自発・自励・自律・自尊の「信念的価値審級」（「人倫的価値審級」）である。その根柢には自身が「宇宙摂理」のハタラキの体現主体であるとの「信」（心性的自覚）がある。そして、そのことについて相応の自己承認（本人の「自己満足」ではなく世間もそう受け取ってくれることの「自己充足」の覚知）ができたとき、高齢者は「公共生活圏」にお

ける「公共生活者」として「自侍・自矜」とともに「満足」を覚える。

「社会的公共財」

近・現代社会にあっては、人間存在は概して計算合理的に計測可能な「生産財（労働力）」としての側面に焦点化して取り扱われ一般人もそれを当然のこととして受け入れる。したがってそこでは「有用性」「効率性」などの「実用的価値審級（機能的価値審級）」がもっぱら通用するのにたいして、高齢者は「全人格的人間存在」意識がより深いだけに「生産財（労働力）」観念から距離を置くことができる。つまり、「生産財」意識を超えて自身が文化的・歴史的な背景をもつ「社会的公共財」であることを身を以って体現するとともに社会からもそう承認される立場に身を置くことが可能である。そこでは「受容性」「寛容性」などの「信念的価値審級」（「人倫的価値審級」）が重んぜられる。それ（脱自的自己投企）が「宇宙摂理」のハタラキの体現に繋がっていることを互いの「信」によって了知するとき、そこに高齢者ならではの貴重な社会的貢献の諸相が「披・展・啓・開」かれる。

高齢者の「脱自的自己投企」

「有用性」「有効性」「効率性」などの「実用的価値審級」「機能的価値審級」にもっぱら依拠することは「自己実現」に見えて実はノモス的秩序への「自己拘束」「自己排除」でしかない（ことになりかねない）。それは一歩間違えば権力者への追従、「自己遺棄」となる。それにたいし高齢者は「有用性」「有効性」「効率性」などの経済財的「実用性」の軛から解き放たれている分、「受容性」「寛容性」によって潤された「供犠・贈与・謝恩・奉仕＝相互和合・相互信頼・相互理解・相互支援」の精神＝所業という「信念的価値審級」（「人倫的価値審級」）への「脱自的自己投企」が可能な立場に居る（それは「背私向公」「忘己利他」の伝統に繋がる）。しかし、それが単なる「自己満足」や「自己幻惑」に陥らないためにはそこに一段高次の「自己認識」がなくてはならない。すなわち、「文化的伝統」の正統な継承に、さらには「いのち」の修證に、ついには「死」の修證に繋がっているとの広い視野からの「自己承認」である。それは自身の所為が「宇宙摂理」のハタラキと共振・響応・融合しているとの深い覚知に繋がる。

高齢者は年齢を重ねるにつれてさまざまな身体的精神的機能・能力を徐々に減耗させていくのは避けられない。残された機能・能力を最大限に生かしながら、あるいはそれらをさらに賦活化させるよう努力しつつ不全感を何とか補償し自己拘束的強迫観念を幾分かでも中和すべく日々を生きていく。人は自らの身体的精神的機能・能力については何がしか限界を感じている点ではみな変わらないが、高齢者はそのことについてより自覚的だということである。高齢者はその自覚をもとに自己に相応しい「生き方」「あり様」をそれぞれに修證する。高齢者にとってそれは「霊性的自覚」「宗教的心性」への還帰回路となる。

〈図3〉に示した各項が相互連接されるなかで高齢者の「社会的公共財」としての「あり様」それ自体が貴重な「社会的共通資本」へと創発する。それによって自身の「社会的貢献」意識もよりいっそう内容充填される。

以下、上記の①〜④についてその内実（「社会的公共財」としての高齢者の「社会的貢献」の「あり様」）を見ていく。高齢者のこの「生き方」は一般人にもよき指針となる。

①「道徳規範」―「供犠＝相互和合」

高齢者の「社会的公共財」としての第一歩は「宇宙摂理」「宇宙生命」のハタラキとの共振・響応・融合体験（「霊性的自覚」「宗教的心性」による）から始まる。この共振・響応・

融合体験によって高齢者はこの世に立ち向かう覚悟を定める。その覚悟によって高齢者に固有の「道徳規範」が「こころ」の次元において自己生起的に生成される。自己生起的生成とはそれが恣意的に仮想・構築される（いわば作為的に、ご都合主義的に捏造・変造されたり、他から権威主義的に強要されたりする）ものではなく、「宇宙摂理」「宇宙生命」のハタラキとの共振・響応・融合体験によって「ありのまま」に「やわらぎ」をもって自己生成されるということである。そこにはわが「いのち」は「宇宙摂理」のこの世への化現であり、「宇宙生命」の〝いのち〟のわが身への顕われだとの深い実存感覚がある。こうして高齢者の「道徳規範」は、あたかも「磁石」のような作用（C・G・ユング『心理学と錬金術　I』）によって互いに抱握生成的・自己組織的に「むすばれ」（結＝産ばれ）合って「社会的公共財」意識へと育っていく。

「道徳規範」は「供犠＝相互和合」の精神＝所業の体現へと「抜かれ」る。「供犠」の精神とは、自己をして没主体的に他者に依拠・随順せしめるのではなく他者にたいし（ということは自分と意見・立場を異にする者にたいしても）互いに寛容だということである。つまり、互いに主体的意思をもって「霊性的世界」へと自身を「抜き」直すことである。日常の営みを「宇宙摂理」「宇宙生命」のハタラキの「あらわれ・むすばれ」として厳粛に引き受け、自らをその貴重な体現主体として提示・提供することである。「提示・提供」とは自身を仮構された（あるいは強制された）形象へと造形することでもなければ、そのつど非主体的に対処することでもない。互いの主体的意思を相互に尊重し合いつつその自在な発現を自己抑制的かつ相互生成的に扶け合うことである。

「現に為すこと」と「まさに為そうとする意図」との間には大きな隔たり、多数の回路があり、人はその間を「実践」によって直観的（直覚的・直情的ないしは欲動的）に埋めるのであるが、しかしその「埋め」の「実践」行為を自他が納得する「かたち」で十全に体現することは原理的に不可能である。その不可能性を互いが受け容れ合うにはそこに「相互和合」の所業がなくてはならない。そこには互いが「宇宙摂理」「宇宙生命」のハタラキに内属するもの同士との共通認識がある。すなわち「宇宙摂理」「宇宙生命」のハタラキは無尽の「差異」生成であってわれわれ個々人はその微塵の「差異」の微分的現れでしかないという共通認識である。そこには「差異」でしかない「差異」同士が互いの「差異」を認めて和合し合うという自己言及的トートトロジー（パラドクス）がある。「供犠＝相互和合」とはそのトートトロジー（パラドクス）が「拘束服」となって自身を縛ることがないよう柔軟に自己調整（「供犠」）しながらそのトートトロジー（パタドクス）を自身に引き受ける（「和合」）ことである。

「供犠＝相互和合」は自励自発であって他者のそれとの間に因果的相関はない。そこにあるのは互いの「立ち位置」「所作連鎖」を「やわらぎ」をもって「ありのまま」に表出し合い、受け容れ合い、学び合うことである。では、その各個各別である表出・受容・学習を互いが「やわらぎ」をもって「ありのまま」に「抜き」合う契機（それを可能にする基底的条件）は何か、それは他者もまたそのトートロジー（パラドクス）に耐えて生きているという現実を共感（「和合」）をもって引き受け合う「覚悟」（「供犠」）である。

「公共生活圏」における「家族生活圏」を例に考えるなら、それはさしずめ介護・介助などが問題となる。介護・介助をする側はどういう「道徳規範」をもってその事態に臨むか、それを受ける立場にある高齢者についてはどうか、それは単に高齢者ケアシステムをどう運営するかの制度論・手続論ではなく、互いに自律的生活者同士として相互受容、相互自制、相互生成の精神を以ってその事態に主体的・能動的にどう立ち向かうかの実践論である。つまり「供犠＝相互和合」の精神＝所業の内実如何である。互いの「覚悟」がその自律的実践を支える。（先取りするかたちとなるが、「第四章」で述べる〝つくろわず〟〝はからわず〟の日本古来の「文化的伝統」がそこに息づいている）。

②「倫理規範」――「贈与＝相互信頼」

人間存在の根源的「あり様」である「道徳規範」（「こころ」）が他者と共有可能な日常実

践的「倫理規範」へと連接されるのは「存在のエレメント」である「身」においてである。すなわち「身わけ」（市川浩…「身体知」のハタラキ）によってである。そこには「宇宙摂理」「宇宙生命」が現実世界へと自己開示する瞬間の「身」の震えがある。「身わけ」とは、その「宇宙摂理」「宇宙生命」のハタラキとの共振・響応・融合体験のことである。高齢者はそれを体認・体得しつつ生命の不可思議を生きる。しかし誰一人としてその不可思議を領有する（自由な操作対象とする）ことはできない。その体現において高齢者にできることは「贈与」の精神に基づく「相互信頼」の所業だけである。「贈与」とは単にモノやサービスなどを一方的・自己都合的に提供（あるいは調達）することではない。権利的に下位・劣位にある者が対等・平等な立場に立てるように互いがそのための機会を十全に「贈与」（保証）し合うことである。その相互応酬（希求・願望の相互贈答）について社会的承認が得られるのに欠かせないのが「相互信頼」である。高齢者にとって「身わけ」とは「倫理規範」によるその能動的・自己覚醒的な「贈与＝相互信頼」の精神＝所業の「展き」のことである。

高齢者の「倫理規範」にはヒト・モノ・コトがすべて対称化される（そのつどの「取引」のための方便に供される）現代社会にあって、すべてを非対称のままいわば諦念を以って受け容れたうえで互いが独自性をもって共生できるよう思い遣る「やわらぎ」がある。そこではいっさいの偏倚（拘り・独善・差別・排除など）は撥無され、それによって人はそれぞれに「らしく」生きることが可能になる。

「公共生活圏」における「地域生活圏」を例に考えるなら、孤独・孤立・無縁の高齢者が地域の生活環境にどう棲み込むかの問題を超えて「生活空間」を「らしく」「やわらぎ」をもってどう再編成するかである。それは地域住民同士の適時適切な「贈与＝相互信頼」の精神＝所業なくしては不可能である。「贈与」には、わが「身」を「社会的公共財」として他者一般（「公共生活圏」）へと無条件に「展く」精神がある。「相互信頼」には、自分はけっして見棄てられず見守られているという安心がある。（「第四章」で述べる〝とどまらず〟〝とむる〟の「文化的伝統」がそこに息づいている）。

③「行動規範」―「謝恩＝相互理解」

われわれの日常には複雑多様で不確実な状況に即した曖昧認識（無自覚的認識作用）がある。そのうえでなおその曖昧領域の際（きわ）に「身」を「啓い」て主体性をもって生きて行こうとするのが「身行」である。高齢者は自他の「身」を気遣いながら、「身行」を介して日常事象をより深く知覚し、解釈し、同時に「存在のエレメント」としてのわが「身」（身体的実存意識）に改めて覚醒する。現にそうやって高齢者は主体的自己としての日常（小宇宙としてのわが「身」の佇まい）を「らしく」「たおやか」に体現すべく生きている。そこから高齢者各人それぞれに固有の「行動規範」が形成される。「行動規範」は往々にして硬直化しがちであるから他方では何ものにも捉われることなくそれを解きほぐし、「啓き」直すハタラキが必要である。「宇宙摂理」「宇宙生命」との共振・饗応・融合の体認・体得がそれを可能にする。その解きほぐし、「啓き」直しによる全身体的コミュニケーションに裏打ちされて体現されるのが「謝恩＝相互理解」の精神＝所業である。そこにはいささかも強制・強要はない。他者とともに「らしく」「たおやか」に生きようとする「社会的公共財」としての「自己」がそこにいるだけである。「謝恩」とは感謝報恩の精神を他者一般と共有し合うことであり、「相互理解」とは「社会的公共財」として自らを社会紐帯の結節項へと自己投企することである（たとえば無償のボランティア活動、フィランソロピー活動などはその現代版である）。そこには「宇宙摂理」「宇宙生命」のハタラキとの無碍なる融通がある。

「公共生活圏」における「組織生活圏」を例に考えれば、それは自分もその生成的関与者である「社会的共通資本」としてそこに自身が主体的にどう関わっていくかの問題となる。高齢者は「社会的共通資本」の利用者であるに止まらず、その提供者つまりはその価値源泉の一部でもあるという事実（それはすべての人間にとって共通の事実である）を「組織生活圏」においてどう体現するかである。つまり、高齢者は自身が「社会的公共財」として正当に受け入れられることへの「謝恩」の心をもって、「組織生活圏」へと自らを進んで自己投企するのである。自己投企とは権力（権威）への無批判的な（遜《へつら》った）一方的な追随・追従を意味しない。「相互理解」に基づく「自立性」を以ってする新たな「関係性」の不断の「啓き」直しである。特に、AIやIoTなどICTの高度活用によるこれからの「サテライト分散リゾーム状ネットワーク社会」にあってはなおさら、「社会的共通資本」がその最終目標とする「すべての生活者の安心と幸福」の実現には高齢者自身のそのような「行動規範」がいっそう深く関わってくるし、また関わることが可能になる。（「第四章」で述べる〝つづけがら〟〝かかり〟を重んじる「文化的伝統」がそこに息づいている）。

④「生活規範」―「奉仕＝相互支援」

各人固有の「行動規範」は他者からも積極的に受容され支持される「生活規範」へと生成されねばならない。それによって高齢者は「奉仕＝相互支援」の精神＝所業へと自身を「開く」。「奉仕」の精神とは、個人の尊厳と基本的人権とを重んじ合い、加えて困難な状況にある者、苦しい立場にある者への共感を大切にすることである。権力的に強い立場にある者あるいは権威とされるものに仕え奉じることではさらさらない。「相互支援」の所業とは、何が公正・公平であるかの中核的価値判断を過つことがないよう情報交流、意見交換の場と機会を多様に「開く」ことである。自身が正しいと信じることへの無反省的な自己奉仕でもなければ、それへの他者の賛同奉仕を強要することでもない。権利的に優位にある者が劣位にある者にたいし「奉仕＝相互支援」を強制するようなことがあってはならず、むしろその逆であるべきだということを各自が身を以って体現するのである。互いが他者一般からの「供犠＝相互和合」・「贈与＝相互信頼」・「謝恩＝相互理解」の精神＝所業によって支えられていることを「覚り」知って、ということは互いが「社会的公共財」同士であることの自覚を持って（その背後には「霊性的自覚」の覚知、「宗教的心性」の覚醒による「宇宙摂理」との共振・響応・融合がある）、自らが他者一般への「奉仕＝相互支援」の体現主体たるべきことを自らの「生活規範」としてわが身に引き受けるのである。それには眼前の他者との情報交流、意見交換の場と機会の設えが十全であるかどうかの自己チェックも必要である。

では、その「奉仕＝相互支援」は何によって支えられるか、それを支える「生活規範」は如何にして可能か、それは

①「宇宙摂理」「宇宙生命」との融即一体的共振・響応・融合願望を情念的・感性的に「ありのまま」に受け入れたうえで、

②共同体が求める現実的制約から身を引き離すのではなく、それを理性的・批判的・現実

的に「たおやか」に受け止め、

③その双方向的相互触発作用を通して他者と自身の利益に共に資すべく自身の日常実践を重層的に決定すること、

によってである。そこには自己超脱的「覚り」がある。高齢者はその「覚り」によって日常的現実に「ありのまま」「たおやか」に対処する。孤独・孤立・無縁となりがちな高齢者を最終的に支えるのはこの情念的・感性的にしてかつ理性的・批判的・現実的な「奉仕」の精神に裏づけられた「相互支援」の所業である。

「公共生活圏」における「仲間生活圏」を例に考えるなら、新たな心情的交流の場と機会をどう自在に「開く」かである。趣味・娯楽・文芸・手工芸などの文化的交流だけでなく精神的情動的交流においても新たな地平をより広く「開く」ことである（「宗教・芸術世界」あるいは「政治世界」などもそこに含まれる）。それによって情報交流、意見交換の内実をよりいっそう内容充填させることである。（「第四章」で述べる〝しらべ〟〝ひびき〟の「文化的伝統」がそこに息づく）。

以上「第三章」では高齢者ならではの「社会的公共財」としての「社会的貢献」の「ありのまま様」について見てきた。

いま「国家公共」の観念は、「国家統治」「国民統合」から「自己自治」「国民連帯」へとシフトしてきている。「自己自治」(「公」的側面)は「供犠・贈与・謝恩・奉仕」の精神によって、「国民連帯」(「共」的側面)は「相互和合・相互信頼・相互理解・相互支援」の所業によって裏打ちされる(内実が与えられる)。高齢者が自己編集する「公＝共生活圏」は差し当たってそのモデルとなる。そこでの高齢者の「社会的公共財」としての而立而存の「あり様」、「自恃・自矜」の「生き方」は「国家公共」の今後の「あり方」への一つの範例となり得る。

問題はそれを受け容れる側にある。高齢者一人ひとりの「おもい」を規律訓練的(他律規範的)に「統御」しようとする社会的圧力が次のようにさまざまな形で予想されるからである。ときには「秩序維持」を、ときには「体制変革」を掲げることで、たとえば、

・「和合」「自己供犠」を謳って「道徳規範」を拘束し、
・「贈与」「相互信頼」を標榜して「倫理規範」を押し付け、
・「謝恩」「相互理解」に名を借りて「行動規範」を強制し、
・「奉仕」「相互支援」を掲げてあたかもそれが則るべき「生活規範」であるかのごとく錯認させる、などの無言の(あるいは潜勢的に仕掛けられた)圧力である。そのワナに嵌められないためには、高齢者自身が「個」存在として「公」へと回収され尽くされることなく「個人」存在として「共」へと放任されることもない〈「個」〜「個人」〉存在として、同時に、「国

家公共」意識へと過度に自己拘束されることなく自身の「社会的公共財」意識に過度に拘ることもない〈関係的自立〜自立的関係〉存在として、その〈〜〉の「場」へと主体的に（同時にパラドクシカルに）自身を「披・展・啓・開」きつづけることが肝要である。それには人はみな互いが「公＝共生活圏」における「公＝共生活者」同士であるとの共通理解を唯一の支えにして、つまり「宇宙摂理」のハタラキに即した而立而存の自己同士として、「供犠＝相互和合」・「贈与＝相互信頼」・「謝恩＝相互理解」・「奉仕＝相互支援」の小さな「公＝共圏」を自分の周りに「ありのまま」に「らしく」、「やはらぎ」をもって「たおやか」に創成することである。それによって「公共生活圏」に平等・公平・公正などの価値規範を改めて根づかせ得る「公共生活者」たるべく高齢者各人が志向するのである。

「公＝共」

「供犠・贈与・謝恩・奉仕」の精神は「公共」における「公」の観念を支え（同時に「関係的自立」の「あり方」を支える）、「相互和合・相互信頼・相互理解・相互支援」の所業は「公共」における「共」の観念を支える（同時に「自立的関係」の「あり方」を支える）。「供犠・贈与・謝恩・奉仕」＝「相互和合・相互信頼・相互理解・相互支援」の〈＝〉等号成立によって「公」と「共」は統握されてそこに「公＝共」の観念が円熟する。

この一連の営為は互いの「受容性」「寛容性」によって支えられる。そこには「信念的価値審級」(「人倫的価値審級」)を共有する者同士の「信」がある。そこでは、それまでの社会通念にどう新風を吹き込めたか、そこにどれだけ社会変革的な新機軸を織り込むことができたか、社会創成的な発展にどう貢献・寄与し得たか、などの自己検証もなされる。そのことが納得を以って自他承認されたとき高齢者はそこに「満足」を覚える。これは一般人の「生き方」「あり様」にとってもよき範例(モデル)となる。

しかし、その「満足」が自閉的自己独善やカルト的自己惑溺に陥らないためには、自身の「供犠=相互和合」・「贈与=相互信頼」・「謝恩=相互理解」・「奉仕=相互支援」の精神=所業がより広い視野から改めて自己検証される必要がある。自身の所業が「文化的伝統」に即しているか、その正統な継承にいささかなりとも貢献し得ているかどうかの自己確認である。そのことが自己了知・自己承認(他者の了知・承認も含めて)できたとき高齢者は、「審美的価値審級」(「心情的価値審級」)を以ってこの現実世界の諸相へと立ち向かうことができる。そこには「宇宙摂理」のハタラキと共振・響応・融合することの「愉悦」がある。ノモス的世界の住人でありながら、その柵を越えてより豊かにコスモス的世界を生きることの「悦び」である。次の「第四章」においてその次第を見ていく。

《補論》「社会的公共財」と「ものづくり」

「ものづくり」（「手工芸」）の基本構造を図解して示せば[図Ⅰ]のようになる。地方創生活動やボランティア活動なども大枠はこれと同じ構造と見てよい。

[図 I]

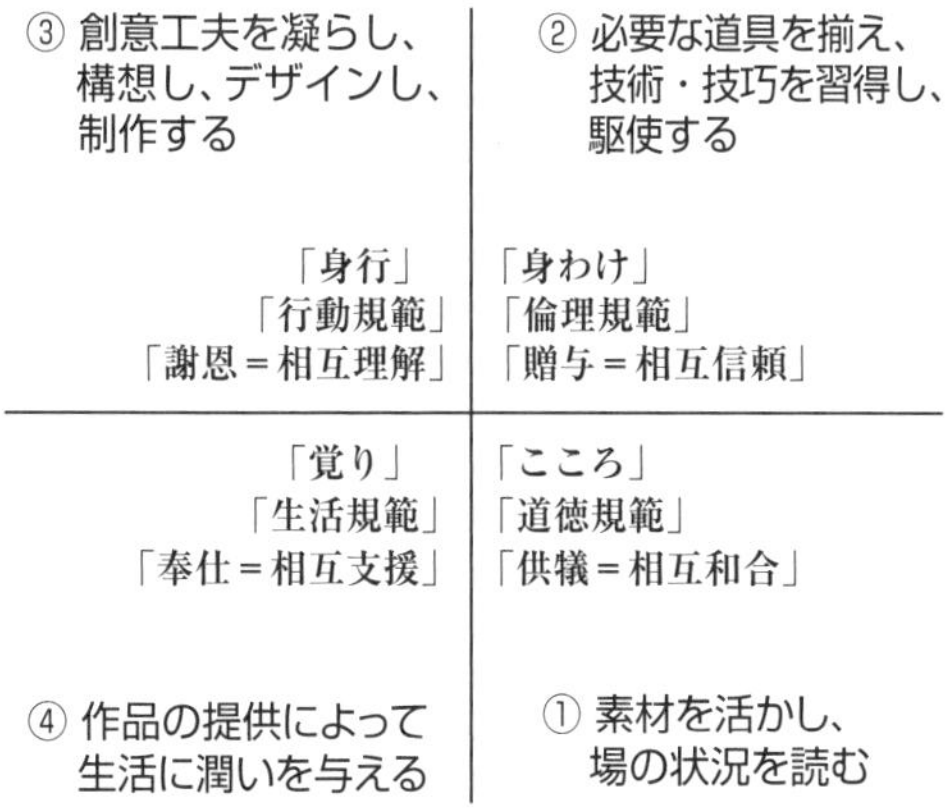

[図 II]

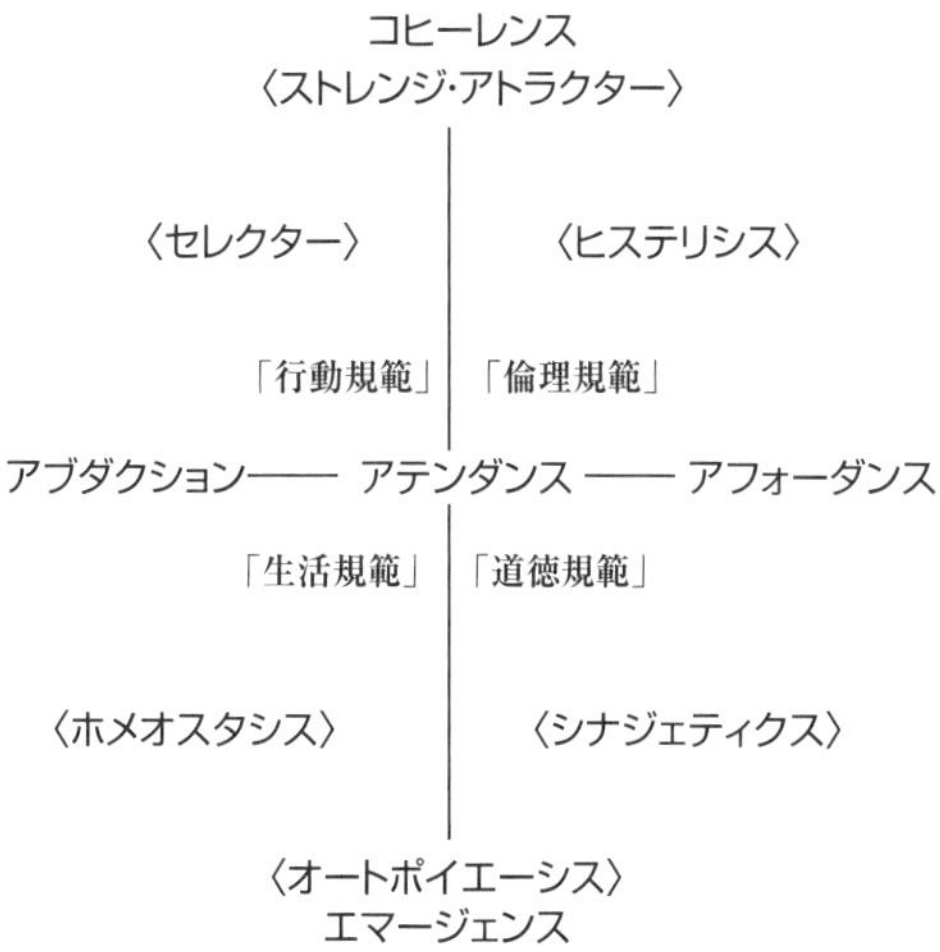

ここに記載の〈カタカナ〉用語についての詳しい説明は拙著『AIが開く新・資本主義』（彩流社）69～75ページを参照願いたいが、簡単に用語解説しておく。

アフォーダンス…的確な状況判断。「やわらぎ」に通じる。

アブダクション…適切な状況創出。「たおやか」に通じる。

アテンダンス…柔軟な態度決定。「覚悟」「熱情」に通じる。

エマージェンス〈オートポイエーシス〉…意欲の喚起、およびその〈自励発展的創発〉。「ありのまま」に通じる。

コヒーレンス〈ストレンジ・アトラクター〉…意欲の「かたち」づけ、〈中核価値（目標）の設定〉。「らしく」に通じる。

〈シナジェティクス〉…[図Ⅰ]の〈①素材を活かし、状況を読む〉に相当。「道徳規範」を支える。「供犠＝相互和合」に通じる。

〈ヒステリシス〉…[図Ⅰ]の〈②必要な道具を揃え、技術・技巧を習得し、駆使する〉に相当。「倫理規範」を支える。「贈与＝相互信頼」に通じる。

〈セレクター〉…[図Ⅰ]の〈③創意工夫を凝らし、構想し、デザインし、制作する〉に相当。「行動規範」を支える。「謝恩＝相互理解」に通じる。

〈ホメオスタシス〉…[図Ⅰ]の〈④作品の提供によって生活に潤いを与える〉に相当。「生活規範」を支える。「奉仕＝相互支援」に通じる。

本図を〈図1〉～〈図3〉と関連させて、「手工芸」を中心に、地方創生なども念頭に置きながら補足説明すれば次のようになる。

①「ものづくり」において〈素材を生かし、場の状況を読む〉こと（地方創生なら〈場のニーズに応える〉こと）は互いの「こころ」を結び（産び）合わせる「道徳規範」を以って、「供犠＝相互和合」の精神＝所業を具現化することに通じる。

②「ものづくり」において〈必要な道具を揃え、技術・技巧を習得し、駆使する〉こと（地方創生なら〈使える資源をできるかぎり活用する〉こと）はこれまで継承蓄積してきた地道な「身わけ」作業によって培われた「倫理規範」を以って、「贈与＝相互信頼」の心的内実を世間に還元することに通じる。

③「ものづくり」において〈創意工夫を凝らし、構想し、デザインし、制作する〉こと（地方創生なら〈あらゆる知恵を総動員する〉こと）は「身行」によって体得した自らの「行動規範」を以って、「謝恩＝相互理解」の絆を時空を超えて他者たちとの間でつねに新たに結び直すことに通じる。

④「ものづくり」において〈作品の提供によって生活に潤いを与える〉こと（地方創生なら〈成果を互いに享受し合う〉こと）は「覚り」の境位に裏打ちされた「生活規範」を以って、「奉仕＝相互支援」の精神＝所業を稔り多く継承していくことに通じる。

こうして「ものづくり」文化は地道着実に編成、再編成、再々編成されつつ世代を超えて継承されていく。そのなかで【図Ⅱ】に示すような人間活動に共通の「行動図式」が各人のなかでも社会においても定着可能となる。

【図Ⅱ】は「ものづくり」の基本構図であると同時に人が共同して何事かを企てる際（たとえばわが国の伝統文化である「連歌」の座）の基本図式でもある。すなわち、自己の把持する中核価値に遵って（ストレンジ・アトラクター、コヒーレンス）、自己責任において（オートポイエーシス、エマージェンス）、状況を的確に読みつつ（アフォーダンス）、覚悟を定めて（アテンダンス）、その場に相応しい立場・行動をつど選択する（アブダクション）。そこには他者との関係性を顧慮しつつ（シナジェティクス）、それまでの経緯も尊重しながら（ヒステリシス）、全体の成り行きが混乱することがないよう配慮して（ホメオスタシス）、的確な状況創出を心がける自立性自己が居る（セレクター）。

「連歌」の座

「連歌」の座ではすべてのプロセスは変化しつつある状況そのものと結びついており（シナジェティクス）、そこにあるのは動きつつある状況の動的パターン化であり、それを通しての新たな状況の創造であり、新たな意味空間の創出である（オートポイエーシス）。それらがばらばらにならないのはそこに意味・価値に関する共通の規範意識があり、それに向けての厳しい「自己鍛練」があるからである（ヒステリシス）。そこに生成されるのは格別に計らうことをしなくても全体の協力でおのずから成立する動的秩序である（ホメオスタシス）。そこでの各詠者の役割は共通規範意識・自己規制意識を全員が共有し合うことで共通のコンテクストをメンバー全員で創成し合うことである（ストレンジ・アトラクター）。そして、互いの「いのち」が時空間的に正しい位置を占め合いながら運動感覚的に共鳴・共振し合いつつ集団的協調・協和を自励発展的に実現していくことである（セレクター）。この全体プロセス（シナジェティクス、オートポイエーシス、ヒステリシス、ホメオスタシス、ストレンジ・アトラクター、セレクターの同調的協働関係）において「連歌」の座は動的安定を獲得し、その座にあって詠者は共通の価値意識のもとで共通の目標に向かって互いに独自の創案を加えつつ「ありのまま」

に「らしく」、「やわらぎ」をもって「たおやか」にコラボレートする。そこに方向性とリズムの揃った集団的振舞いの「座」が建立する。

第四章　「文化的伝統」を生きる

高齢者は「宗教的心性」によって拓かれた領域横断的な「視界」のもとでこの世の複雑事象に対処する「基本姿勢」を自己確認する（「第二章」）。それは日常的実践の場における「社会的公共財」としての日常営為に繋がる。「公共生活圏」（「家族生活圏・地域生活圏・組織生活圏・仲間生活圏」）における「公共生活者」として高齢者はそこに「満足」を覚える（「第三章」）。

その「満足」を通して高齢者（人一般も含めて）の領域横断的視界はさらに時空を超えて拡張される。「文化的伝統」の源泉へ向けての「披・展・啓・開」かれである。つまり、自身が「文化的伝統」の正統な継承者たり得ているかどうかの「審美的価値審級」（「心情的価値審級」）を以ってする自己検証である。それが自己確認できたとき高齢者はそこに自身が「宇宙摂理」のハタラキと共振・響応・融合する存在であることの「愉悦」を覚える。本章でその次第を見ていく。

「文化的伝統」の継承

「文化的伝統」は「公共生活圏」を超えてより広く歴史的世界の全域へと心情的・普遍的に拡充される。広域的なボランティア・NPO・地方創生の諸活動、国事へのさまざまな形での参画、国際NGO活動、あるいは起業支援、各種イベント企画、等々、さらには書道、華道・茶道、和歌・俳句、絵画・彫刻、手工芸・園芸、演奏・演劇……等々諸々の技芸・芸能・趣味などの習得・修練・伝承・普及活動などもそれに含まれる。そして、生活世界全域におけるこれら諸々の所為がわが国の「文化的伝統」の正統な継承に何らかのかたちで繋がっている（貢献している）ことを覚知・実感できたとき、高齢者はそこに「宇宙摂理」「宇宙生命」のハタラキに極微であろうとも何がしか与り得た（ということは、「宇宙摂理」「宇宙生命」の永遠の〝いのち〟に自分の「いのち」も繋がっている）ことの「愉悦」を覚える。それによって高齢者の人生にはもうひと際の光彩が添えられる。つれて高齢者の「道徳規範」「倫理規範」「行動規範」「生活規範」の世間的通用性（審美的・心情的受容性）もさらに高まる。

「文化的伝統」の継承に与ることは人間存在の根源（「宇宙摂理」「宇宙生命」のハタラキ）への回帰である。そこには「いのち」の源泉への「融解」がある。「融解」

があって新たな「生成」がある。そこから始まる「融解生成」「情理融合」「融通無碍」「融即帰一」の自己回帰プロセスによって、〈自分は周りとの調和のなかで生かされている〉との自覚をもてたとき「愉悦」はさらに深まる。すなわち、「宇宙摂理」のハタラキと共振・響応・融合する存在であることの「悦び」の体験である。

継承されるべきわが国の「文化的伝統」の特質は奈辺にあるだろうか、そしてそれは高齢者の「生きるかたち」〈文化的伝統の正統な継承〉にどう映発するだろうかそれを要約して図示すれば〈図4〉のようになる。

本図の各象限に配した各事項は互いに重なり合い、相互相入し合っている。「文化的伝統」にはこれら各項を統合的に結び合わせる「束ねの工夫」がある。

・高齢者は〈ありのまま〉を〈やわらぎ〉をもって生きる。そこにおいて〝つくろわず〟〝はからわず〟の「文化的伝統」に即して〈文化領域の相互開発〉を行なう。

・高齢者は〈やわらぎ〉をもって〈らしく〉生きる。そこにおいて〝とどまらず〟〝とむる〟の「文化的伝統」に即して〈文化資源の相互活用〉を行なう。

・高齢者は〈らしく〉〈たおやか〉に生きる。そこにおいて〝つづけがら〟〝かかり〟を重んじる「文化的伝統」に即して〈伝統文化の相互生成〉を行なう。

〈図 4〉

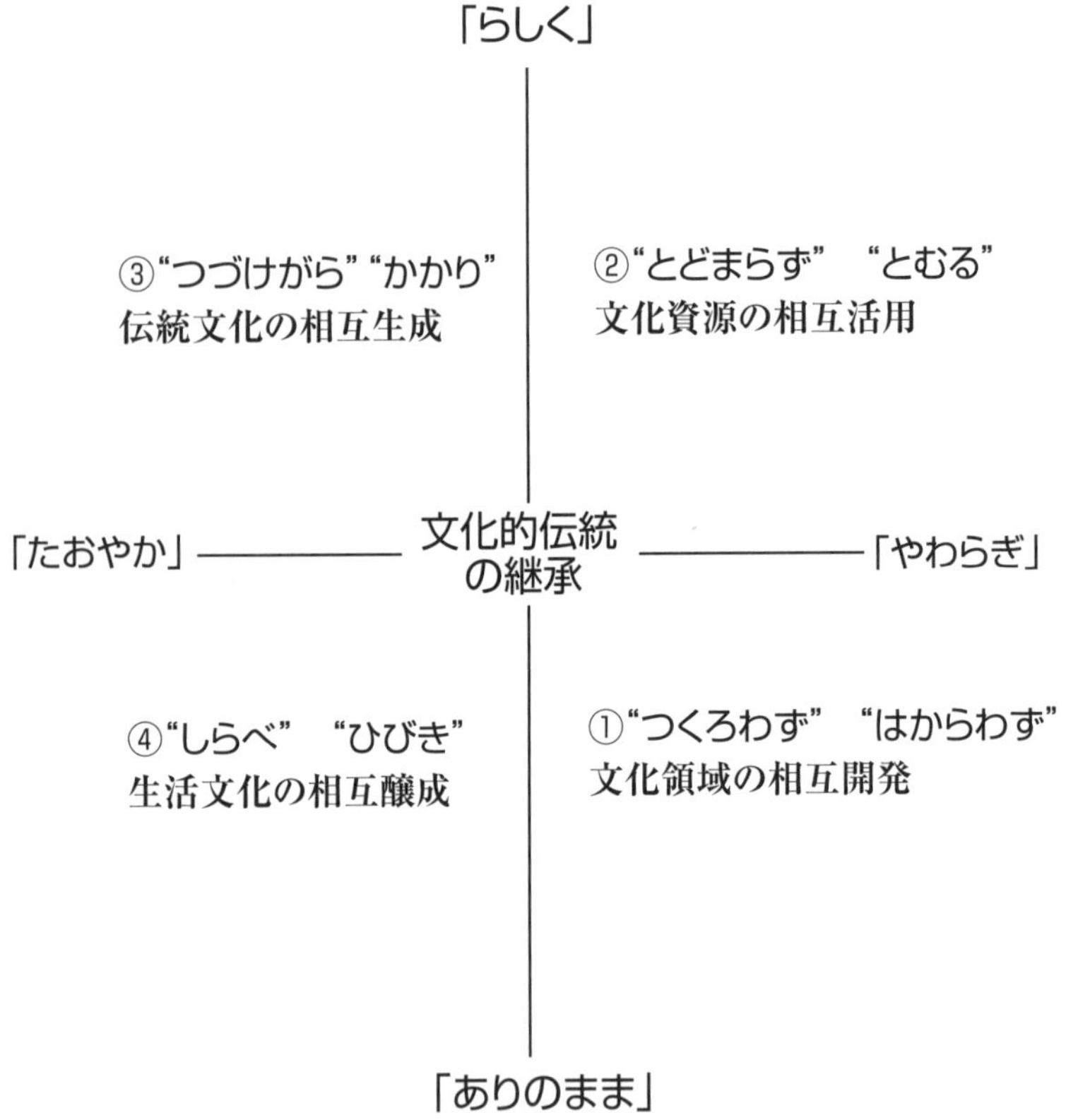
「らしく」
③“つづけがら” “かかり”
伝統文化の相互生成
②“とどまらず” “とむる”
文化資源の相互活用
「たおやか」
文化的伝統
の継承
「やわらぎ」
④“しらべ” “ひびき”
生活文化の相互醸成
①“つくろわず” “はからわず”
文化領域の相互開発
「ありのまま」

・高齢者は〈たおやか〉に〈ありのまま〉を生きる。そこにおいて〝しらべ〟〝ひびき〟を重んじる「文化的伝統」に即して〈生活文化の相互醸成〉を行なう。

〈図4〉の各象限を統合する「束ねの原理」が「文化」である。そこに通底するのはわが国の「文化的伝統」において「美」の最高審級に位置づけられる「幽玄」の美意識である。「やわらぎ」のある「たおやか」さは「幽」に、「ありのまま」「らしく」は「玄」に通じる。「幽玄の風体の事、諸道、諸業に於いて幽玄なるを以て上果とせり」、「幽玄の風体第一」（世阿弥『花鏡』）とされる。それは「ここそ幽玄なれと申すまじきことなり」、「ただ飄白としたる体を幽玄体と申すべきか」（『正微物語』）、「ただ美しく柔和なる体、幽玄の本体なり」（『花鏡』）、「その詞、姿のなかに、景気の添ひたるやうなる（慈鎮和尚）、「ふるまひをやさしく幽玄に心をとめよ」（心敬僧都）など、それは「優に花やか」（『花伝書』）であると同時に「もののあはれを知る心」（『石上私淑言』）でもある。「余情、姿に見えぬ景気」、「たへなる理」（鴨長明『無名抄』）もこれに加えることができる。それは、「幽玄の曲味、深くことわりをそめ、余情外に匂ひみち、影をそはんこと、無上上果の到り」（大蔵虎明『わらんべ草』）とされるように、〝曲味〟〝匂ひ〟〝影〟などと象徴的に表現される。「なにを見るも花やかなる爲手、是、幽玄なり」（『風姿花伝』）とあるようにわが国の芸術家たちは、この世界を幽暗玄々たる「事象そのもの」

としてまるごと己の感性・心性で捉え、それに「幽玄」の表現を与えてきたのである。「幽玄」の美意識は自身を霊妙な「宇宙摂理」「宇宙生命」のハタラキの化身たらしめんとする感性・心性から生まれる。高齢者の「生きるかたち」には「漂白」「柔和」「花やか」「もののあはれ」、すなわち「幽玄」の薫習がある。かくして「融」は「幽」に繋がる。

上記を含め、本章の以下の記述はほとんど山本健吉『いのちとかたち』〈新潮社〉、安田章生『日本の芸術論』〈東京創元社〉、相良亨編『日本思想史入門』〈ぺりかん社〉、小西甚一『日本文芸史Ⅰ〜Ⅴ』『芸の思想・道の思想』〈岩波書店〉、『日本古典芸能論』〈平凡社〉、『日本の詩歌その骨組みと素肌』〈講談社〉などからの引用ないしはその参照であること、また、本章の記述は拙著『ＡＩが開く　新・資本主義』の記述とかなりの部分で重複していることを予めお断りしておく。

〈図４〉の構図をもとに、継承されるべきわが国の「文化的伝統」の精髄について、高齢者の「生き方」「あり方」「生きるかたち」にそれがどう映発するかについて、先人たちによってなされてきた「文芸・芸能」面でのさまざまな言説を参照しながら以下見ていくこととする。

①〝つくろわず〟〝はからわず〟――文化領域の相互開発

わが国の「文化的伝統」の根柢には〈ありのまま〉にすべてを〈やわらぎ〉をもって受け容れる〝つくろわず〟〝はからわず〟の「審美的価値審級」（「心情的価値審級」）がある。さらにその根源には「宇宙摂理」「宇宙生命」のハタラキとの共振・響応・融合がある。それは一言で云って「いのち」（＝「生の（イノ）霊（チ）」）のありのままなる「かたち」（＝「型（カタ）霊（チ）」）づけである。つまり、「いのち」＝〝こころ〟を〝つくろわず〟〝はからわず〟に「かたち」＝〝ことば〟へと如何に整合的に調和させるかである。これは古来わが国の詩歌論の中心的課題であった。

「心＝創発」と「詞＝秩序」の矛盾的自己同一は日本文化の伝統である。二律背反のなかで成り行きに即した微妙な中道に自己を把持するところに美を見出すのである。高齢者が体現する「生きるかたち」の麗しさの源泉もその中道把持にある。すぐれた「文化的伝統」の体現者・継承者に共通して見られる不断の〈文化領域の相互開発〉である。そこに求められるのが「云い知らぬ味わい」「不可思議の妙」「万能を一心につなぐ感力」である。高齢者に求められるのも同じである。何事かを決するに当たっての状況判断、状況選択などは、肩肘張った、あるいはやみくもな独断によって事を処理するいわゆる力業などではない。相互に思い遣りを届かせ、「心を捨てず」「用心し」て〈ありのまま〉に〈やわらぎ〉をもって身を処していくところに高齢者に特有の「審美的価値審級」(「心情的価値審級」)に裏打ちされた「生きるかたち」の麗しさが息づく。

「文化的伝統」の体現者・継承者がつねに新たな〈文化領域の相互開発〉をつづけるなかで窮極的に目指されるのは既成の概念や旧来の仕来りに囚われることのない自在な「生きるかたち」である。すなわち〝つくろわず〟である。そこには霊妙な「宇宙摂理」「宇宙生命」のハタラキへの共属意識がある。すなわち〝はからわず〟である。ここに日本古来の美意識がある。その根幹にあるのが境界領域の不安定さのなかにあって〈ありのまま〉に〈やわらぎ〉をもって周りと調和的に自然体で振舞うことのできる「万能を一心につなぐ感力」である。

「いのち」の「かたち」づけ

次の定家の言葉が参考になる。「実と申すは心、花と申すは詞なり。所詮、心と詞とかねたらむをよき歌とは申すべし。心詞の二つをともにかねたらむはいふに及ばず、心のかけたらむよりは、詞の拙きにこそ待らめ。かようには注し申し待れども、また実によろしき歌の姿とは、いづれを定め申すべきやらむ。誠に歌の中道は、ただ自ら知るべきにて待り。更に人のこれこそと申すによるべからず候」（『毎日抄』）。要は〝こころ〟と〝ことば〟の調和が大事なのであるが、一方では「心姿あひ具すること難くは、まづ心をとるべし」（藤原公任『新撰髄脳』）、「心を先として珍しきふしを求め、詞を飾り詠むべきなり」（源俊頼『俊頼髄脳』）と心優先を説くものもあれば、他方では「情は求むべきものにあらず。情は自然なり。ただ求むるは詞なり。この故に詞をとゝのふるが第一なりとはいふなり」（宣長『あしわけをぶね』）、「歌は詞を先にすべきわざになんありける。詞わろくしてよきはなきものなり。さればいづれとなきなかに、しひていはばなほ詞をむねとはすべかりける」（宣長『石上私淑言』）と姿優先を言うものもある。結局は、「大方、歌の道、心をいひ取らんとする歌は詞を知らず、詞を思う歌は心たしかならず」（俊成『六百番歌合・判詞』）で、「心詞の二つの用心最も大事」（心敬『岩橋』）とその中間の〝こころ〟と〝ことば〟の相互生成域こそ美の極致だというところに落ち着く。

それには「高く心を悟りて俗に帰るべし」（土芳『三冊子』）、「名人は危ふきところに遊ぶ」（許六『俳諧問答』）ことが求められる。高く心を悟った名人の境位がその到達点である。結局は、「こしらへちぢかませば必ず聞きにくし」（順徳天皇『八雲御抄』）、「すべて繕はで、己なりなるを最上といふべし」（二条良基『連理秘抄』）、「わが心につくろひたることなく、すらすらと詠みいだすべし」（田安宗武『歌体約言』）である。

これらはいずれも、作為的な〝はからい〟を排し、自然な〝うながし〟をもって生の原理とするわが国の「文化的伝統」と深く通底し合っている。「ちじかませず」「繕わず」「己なるまま」の「生きるかたち」である。

〈ありのまま〉なる〈やわらぎ〉

「花は野にある様」（『利休七ケ条』）、「花は軽々と生くべし」（『分類草人木』）、「花をいるるといふは、野山にある体にいるるなり」（『南方録』）であり、「夏はいかにも涼しきやうに、冬はいかにも暖かなるやうに、炭は湯のわくやうに、茶は服のよきやうに、これにて秘事はすみ候」（利久）である。「景気をのみ好む心はいや」（『南方録』）で、「道具はよろず事足らぬがよし」（利久）である。「無一物の境界」が「侘び茶の精神」である。「その不自由なるも不自由なりとおもふ念を生せず、足らざるも不足の念を起さず、調はざるも調はざるの念を抱かぬを侘びなりと心得べき」（寂庵宗沢『禅茶録』）で、「主客ともに心をのどめて、ゆめゆめ他念なき心持こそ、第一の肝要」（『珠光茶道秘伝書』）とされる。そこに「一期一会」の場が成立する。「今日の会は再びかへらざることを思ひ、深切実意をつくし、また逢ひかたきを弁へ、何一つおろかならぬを感心し、実意を以て交るべきなり」、「必ず必ず主客ともになほざりには一服をも催すまじきはずのこととするは一会集の極意なり」（井伊直弼『茶湯一会集』）である。ここに「一座建立」する。これは「一瞬一瞬のうちに永遠を宿そうとする精神」（安田）であり、一会ごとに一期の心は新しくなる。ここには〈ありのまま〉なる〈やわらぎ〉がある。

〝万能を一心につなぐ感力〟

「あらゆる品々のひまひまに、心を捨てずして用心をもつ内心なり。この内心の感、外に匂ひておもしろきなり。かやうなれども、この内心ありとよそに見えては悪かるべし。もし見えればそれは態になるべし。せぬにてはあるべからず。無心の位にて、わが心をわれに隠す安心にて、せぬひまの前後をつなぐべし。これすなはち万能を一心につなぐ感力なり」（『花鏡』）。幽玄を最高の芸位と説く世阿弥がここに言う〝外に匂ひ出る内心の感〟、〝せぬひまの前後をつなぐ心〟、〝万能を一心につなぐ感力〟には「宇宙摂理」のハタラキとの共振・響応・融合がある。

「物まねに似せぬ位あるべし」、「怒れる風体にせん時は、柔かなる心を忘るべからず」、「巌に花の、老木に花の咲かんがごとし」、「是非共に面白くば、是非あるべからず」「せぬ所がおもしろき」（世阿弥）、「あきらかならずおぼめかして詠む」（定家『毎日抄』）、「言ひ残したる体」（正徹物語）、「いひおほせて何かある」（『去来抄』）、「舞は廻らず、拍子は踏まずと心得候。謡は音曲せずと心得候が肝要にて候。是は行き抜けたる心にて候」（『禅風雑談』）、「いかにも言ひ残し理なきところに幽玄あるべし」（心敬『ささめごと』）、「ほのかなる所にいひしらぬ味はひはこもるべきことなれば、かくれたるくまなく、ことわりあらはにきこゆるをのみいみじきことにすめるは、なほ二の町のことなりかし」（宣長『石上私淑言』）とあるように、〝つくろわず〟、〝はからわず〟には〝無感の感〟、〝離見の見〟、〝無位の位風〟〝理外の理〟、〝非曲の曲〟、〝冷えたる能・無文の能〟（世阿弥）への直なる志向がある。

〝つくろわず〟〝はからわず〟が目指すのは明晰分明な計算合理性とはまさに対極にある玄妙不可思議の〝妙〟、言いかえれば「複雑系」のカオス的エネルギーが渦巻いているゼロポイント、「はからい零度」「身体の零度」を生きることである。それは「自然法爾」に通じる。「自然といふは、自はをのずからをいふ、行者のはからひにあらず、然といふはしからしむるといふことばなり、しからしむといふは、行者のはからひにあらず、如来のちかひにてあるがゆへに法爾といふ」（『末灯抄』）。つまり、言われているのはすべてを「宇宙摂理」に委ねきった〝つくろわず〟、すなわち〝はからい〟の「零度」である。

そこには「非平衡不安定定常状態」の「さだめなさ」に美を感じる〝もののあはれ〟がある。西行の『山家集』、長明の『方丈記』、兼好の『徒然草』などもそうである。世阿弥が美的理想としたのもそこである。求められているのは境界領域の不安定さのなかの〈ありのまま〉なる〈やわらぎ〉である。

②〝とどまらず〟〝とむる〟――文化資源の相互活用

目指すところは「いのち」（文化的伝統）をいかに麗しく「かたち」づけるかである。日本の「文化的伝統」ではつねに他からの被見性・被用性が重視される。「作為」を洗い落としてつねに〈やわらぎ〉をもって〈らしく〉あろうとする境位がそれである。それは二元的矛盾の間で偏りのない不即不離の自由な立場に身を持しつつ同時に、そこに一瞬垣間見せる絶対的なものの閃きはけっして見逃さない生き方に通じる。〝とどまらず〟〝とむる〟がその精髄である。

高齢者が窮極的に目指すのも心の散乱を抑えた幽玄の「かたち」である。成り行きに身を沿わせつつ（〝とどまらず〟）そこに輝く一瞬の光芒を見逃さない（〝とどむる〟）。その上で「花々とある体」「美しくたぶやかな面白さ」をそれ〈らしく〉〈やわらぎ〉をもって「かたち」づけるのである。

「文化的伝統」はいっときといえども〝とどまる〟ことはない。〈文化資源の相互活用〉の工夫やそのための技法の思いがけない刷新も日常茶飯である。そこでは一見鎖末な細部であっても永遠の相のもとで〝見とめ〟〝聞きとめ〟〝言いとめ〟るべきものはけっして時を失することなく〝とむる〟ことが大事で、そこにはすべてを適切に活かし切ろうとする精神が深く根づいている。それによってメンバー間には〈らしく〉〈やわらぎ〉のある柔軟な状況適応力を具えた「生きるかたち」が生成される。窮極のところ「文化的伝統」を担うに値する生活文化空間であるかどうかの岐路はそこにある。〈らしく〉〈やわらぎ〉をもって状況適応しながら、しかもいっときも〝とどまらず〟、時を失することなく〝とむる〟(見落とさず選択し、聞き落とさず書き止め、取りこぼさず保存し、結晶化して適切に活かす、などして広くみなの共用に供する)のがその要訣である。

〈やわらぎ〉をもって〈らしく〉「かたち」づける

世阿弥が〝有心〟の極致に〝無心〟をおき、〝無心〟の芸位として〝無文の能〟を至上のものとしたのも、つねに見られる「かたち」を問わずにすまなかったからである。〝見〟を「皮」とし、〝心〟を「骨」としてつねに〝皮の様態〟を問いつづけたのである。『風姿花伝』はまさにその典型である。見られる「風姿」が問題なのであり、その至りつく窮極に「無文の能」がある。それは「闌けたる位の安き所に入りふして、なす所のわざに少しもかからで、無心無風の位に至る見風」であり、「凡そ幽玄の風体の闌けたらんは、この妙所に少し近き風にてやあるべき」とされる芸位である。

俳諧にあっても芭蕉はその〝見〟を重視した。「わが翁は、耳をもって俳諧を聞くべからず、目をもつて俳諧を見るべしといへり」（支考『俳諧十論』）と伝える。俊成は言う、「よき歌になりぬれば、その詞の姿のほかに景気のそひたるやうなることのあるにや」。つまり姿の流麗さ、情調・イメージの描写という視覚的映像が重視される。〝艶〟や〝幽玄〟もその姿形のうえに麗しく匂い出るのである。すなわち「作り過ぎて心の直を失ふ」（土芳『三冊子』）ことなく「歌はただかまえて、心・姿よく詠まむとすべきこと」（俊成『古来風体抄』）が第一とされる。二条良基においても「花々とある体」は「自由で闊達かつ清新な精神や感情の要約というべき様式であって、良基はこれに深い愛着と期待を寄せていた」（安田）。二条良基の言う「いかにも、ほけほけとしみ深く幽玄の体」や、世阿弥の言う「無感の感」「無文音感」は、そのまま「文化的伝統」の流麗さを生きる日常的姿形・様式と重ね合わせることができる。

音曲については、「節はさだまれる形木、曲といふは節の上の花なり。曲といふべきものはまことにはなきものなり。もしありといはばそれはただ節なるべし。さる程に（曲には）相伝すべき形木もなし」（二条良基）。節（型）を踏えて節を越え、やがて〈無曲〉と呼ぶしかないような〈声かかり〉が、おおよそ音曲の達しうる窮極の姿とされる。すべての無駄を削ぎ落とした様式美の極致は同時に自在の境地である。「その位に至りぬる所作は、ともかくも自在なり」で、それはすべての芸能に通じる。「ひとすじに正路に従ひて、正しきところを習ひ書き候へば、自在無窮の体を心にまかせて書かれ候なり」（尊日親王『入木抄』）、「ただやすらかに事少なにしてしかも妙なり」（長明『無名抄』）である。

この「文化的伝統」において特に目指されるのは〝創発的な自由〟があまりにも騒々しい「ささめきたる」「こしらえもの」にならぬよう「かたち」よく整序されて「てなれたもの」に「なる」ことである。創発的自由と規範的秩序の均衡する〝カオスの縁〟すなわち「宇宙摂理」のハタラキが〈やわらぎ〉をもって〈らしく〉「かたち」づけられる、その現場こそが最も豊潤にして艶美な「文化」生成の場であり、そこに形成される「ほけほけ」とした「しみ深」い「かたち」が日本文化の基底にある最も良質な伝統美なのである。

〝とどまらず〟〝とむる〟を生きる

〝とどまらず〟〝とむる〟の極点から詠いだされたのが西行の歌である。〝惜むとてをしまれぬべき此世かは身をすてゝこそ身をもたすけめ〟、〝世をすつる人はまことにすつるかはすてぬ人こそすつるなりけれ〟、〝世の中を捨てて捨てえぬ心地して都離れぬ我身なりけり〟などいずれもそれである。「中世的自由人の典型」西行（目崎徳衛）は「相当の僧侶になりつつあり乍ら、同時に聚落を離れ得なかった。由来、恋愛をしても捨身になり得ず、仏者の修行をしても顕密の一方に専念することも出来ず、新院（待賢門院）に親しみ奉りながら美福門院（旧院）関係の御殿にも出入し、平家に同情しながら源氏も捨てず、西行の性行には、不即不離の妙諦はあっても、一徹といふ事は無かった」（川田順『西行』）。そこにあるのは「複雑な観念・情念の渾融」（目崎）、「観念的に割り切れず、生きつづけている人間」（窪田幸一郎）であって、「現世を脱出し、かつ出家も否定し、ではどこに身をおくかという難問に自らを追い込み、そこに真俗二諦、僧と俗の二元的矛盾のうちに身をおいて、はじめて論理を超越し、絶対的なものに同一化できるという日本的発想を確立したのである」（栗田勇）。「江戸時代の俳諧・絵画・茶の湯者などが「かぶき」・「いき」・「しゃれ」・「からみ」などによって、隠遁の心を秘めながらも隠遁するわけではなく、現実に身をおきながらも現実から身をひるがえしていった生き方、芭蕉や良寛の生き方」（々）も同じである。「個」と「全体」の自己再帰的「循環」から抜け出すことなく、「循環の内へ正しい仕方で入り込」み（ハイデガー）、「解釈学的循環を動きながら、現存在の存在構造を際立たせていく」（ガダマー）生き方に通じる。

凝滞なき共振・響応・融合

日本文芸の伝統は芭蕉の「造化にしたがい造化にかえれ」の一言に尽きている。「宇宙摂理」のハタラキに随順して自ら一時も凝滞しないことをそれは含意している。「一風に長くとどまるまじ」（去来抄）、「暫くも住すべからず、住する時は重し」（去来論書）、「住するところなきを、まず花と知るべし」（『風姿花伝』）、「水は流るるを無味とす」（禅竹『五音三曲集』）である。

謳われているのは「宇宙摂理」のハタラキと〈らしく〉共振・響応・融合する〈やわらぎ〉である。それは無意識的・無自覚的に時間に流されることなく、しかし一所に「住（重）する」ことなく、しかも瞬間々々を緊張をもって自覚的に〈らしく〉〈やわらぎ〉をもって生きることである。その時間の截断面に一貫する永遠の理＝相を見出すことである。「師の風雅に万代不易あり、一時の変化あり、そのもと一つなり。変化に移らざれば風あらたまらず、責めず心をこらさざるもの、まことの変化を知るといふことなし」（土芳『三冊子』）、「時としてとめざればとどまらず、とむるといふは見とめ聞とむるなり、見とめ聞とめざれば、をさまりてはその活きたるものだに消えて跡なし、物の見えたる光いまだ心に消えざるうちにいひとむべし」（〃）である。

これは変容しつつしかも定常状態を維持する〝不易〟〝流行〟に万物生成の原理を認める複雑系思考に通じる。そこにあるのは「西行の和歌における、宗祇の連歌における、雪舟の絵における、利休の茶における、その貫通する物は一なり」（『笈の小文』）の、その「一」、すなわち「宇宙摂理」のハタラキそのものである。

③〝つづけがら〟〝かかり〟――伝統文化の相互生成

わが国で古来大切にされてきたのは一言で云って〝つづけがら〟〝かかり〟である。高齢者の「生きるかたち」の根柢にあるのも端的にそれである。

自然の成り行きに援けられ、自然に即して身を処すなかで「宇宙摂理」のハタラキはおのずからその場に貫徹する。心は宇宙（自然）と一つになる。それは〈らしく〉〈たおやか〉に生きる高齢者の拠って立つ境位である。すべてはすべてと相関しながら次なる展開の生成因となっていく。なかにはおのずから散逸するものはあっても人為によって差別されたり棄却されるようなものは一切ない。あるべきものはすべて成り行くプロセスに摂取され生かされる。〝つづけがら〟〝かかり〟がその精髄である。

わが国の「文化的伝統」の特徴はその自己言及的相互生成性にある。すべてはすべてと相互照応しながら相互生成し合う。その〝つづけがら〟〝かかり〟の相関生成から思いがけない新機軸が案出される。「連歌」「連句」の文芸にその〝つづけがら〟〝かかり〟の勝れた範型がある。問題は〈伝統文化の相互生成〉のための文化交流の場と機会をどう多様に創成するかである。

自己言及的相互生成性、すなわち〝つづけがら〟〝かかり〟は創発的自由と動的秩序のバランスのうえで編成される〈たおやか〉さを貴ぶ〈らしく〉ある「生きるかたち」の範型である。そこにも「宇宙摂理」「宇宙生命」のハタラキとの共振・響応・融合がある。俳句における「季語」、和歌における「枕詞」「歌枕」「本歌取り」などにもその共振・響応・融合（自己言及的相互生成性）がある。〝ゆらぎ〟の発現・伝播・引き込み・自己増殖による全系の「進化」、局所的振舞いが全体のパターン形成に参加してまったく次元を異にする新しい次元空間を突如としてしかも次々に創成する相転移的展開、それによる〈伝統文化の相互生成〉、その涸れることのない源泉がここにある。

高齢者も互いに〈たおやか〉さをもってそれぞれの「生きるかたち」を〈らしく〉相互調整しながら生きている。高齢者の有する豊かな経験が新たに生起する事態に効果的に関連づけられ、結び（産び）合わされ、〝つづけがら〟〝かがり〟よろしく相互編成されることで「審美的価値審級」（「心情的価値審級」）はよりいっそう高められる。

〈らしく〉〈たおやか〉に

「まづ歌は、やさしくものあはれに詠むべき」（定家『毎月抄』）であり、「あはれになつかしく、優にやさしく」（宣長『あしわけおぶね』）、「理をつめず、幽にもやさしくもあるがよき歌」（『正徹物語』）とされる。「わざとやさばむとすること」（『八雲御抄』）なく、「自然にやさしきこと」が肝要なのである。

その「やさし」は「理を離れたる境なれば利根戒力ばかりにて、至るべき境にあらず」（心敬『岩橋』）、ただひたすら「眼を高きに著くること」（広瀬淡窓『淡窓詩話』）、「油断なく心をつなぐ性根」（『花鏡』）から生まれる。目線を高く持して油断なく心を廻らすのである。それはおのずと〝修行〟へ移行し、日本固有の〝道〟に繋がる。「花道」・「茶道」・「剣道」などの「道」である。その〝修行〟〝道〟によって目指される極致が「能」にある。そこに共通してあるのは「正真の形を似すること」、「実と虚との皮膜の間にある」「幽玄のものまね」である。「立ちふるまふ身づかひまでも、心よりは身を惜しみて立ち働けば、身は体になり、心は用になりて、おもしろき感あるべし」（『花鏡』）とあるように、身心体用一元の〈らしく〉〈たおやか〉な境位がそこに開かれる。「歌舞一心の道」（『五音十体』）、つまり「歌また舞なり。この歌舞、また一心なり」（金春禅竹『歌舞髄脳記』）の境地である。「能」では「総じて能は、大きなる形木より入り」、「心を細かにして身を大様に」（花鏡』）、「無用の事をせぬと知る心、すなはち能の得法なり」（世阿弥『却来華』）で、取り去るべきものは極力取り去り、必要欠くべからざるものだけを残す〝無文の能〟・〝無心の能〟が最高とされる。それは蕪雑なものを洗い落とした後に得られる自然であって、その底にひそめた深さを認識する精神である。「思いを一つの微細なものに集中することによって宇宙の理をも悟ろうとする精神、余情・余白を愛する精神、侘びしきもの、しずかなるものを愛する精神、すべてこうした精神は広く日本の芸術全般に見られる精神」（安田）である。そこにおいて目指されるのは「宇宙摂理」との〈らしく〉〈たおやか〉な繋がりである。

自己言及的相互生成性

日本の詩歌的伝統で最も重視されるもののひとつが〝つづけがら〟である。「歌の大事は詞の用捨、ただつづけがらにて歌詞の勝劣待るべし」（定家『毎日抄』）であり、「歌はただ同じ詞なれど、つづけがらいひがらにてよくもあしくも聞ゆるなり」（鴨長明『無名抄』）、「ただつづけがらに善悪はあるなり」（順徳天皇『八雲御抄』）である。

この〝つづけがら〟を基本に最高の芸術に仕立てあげられたのが「連歌」である。「常に連歌はかかり第一なり。かかりは吟なり、吟はかかりなり」（二条良基）とされる。わが国の歌舞音曲でもすべてこの〝つづけがら〟〝かかり〟が最重要視される。「能」で言う「人ないのかかり」「姿のかかり」「節かかり」もそれである。「万事、かかり也。かかりだによければ、悪きことはさして見へず」、「かかり幽玄ならんを、第一とすべし」（『申楽談義』）と世阿弥は言う。

「連歌」は制作者兼享受者である多数の参加者によって構成される座で行われるが（花の下連歌）、全体の統制よりも「次にどのような句が出てくるかをまったく予知できない偶然性」（小西甚一『日本文芸史』）のなかから新奇な意外性をもった〝つながり〟が生成されることに価値を見出すところにその本質がある。同時に「全体として調和のとれた安定性を失わず、全体の流れを見事なものとするため、あらかじめ秀れた範型はもって」（小西甚一）おり、かつ「天地は正、人は直、詠むべきところの歌も正直を守るべき」（宗祇）という規範は踏みはずさない。他律統制的規範ではなく自己言及的自律規範である。そこに生成される範型を共有しながら、座に連なる者同士が協同してひとつの作品空間を生起させていくのが「連歌」である。その作品群は相呼応しつつより豊かな意味連関を相互生成し、より高次の感性的響応を協奏していく。その過程を通してイメージの統一が生まれ、成員メンバーは一段と相互理解・相互連帯を強めていく。

二条良基は救済の歌風を評して「風情をこめて連歌を作ることはなし、ただかかりを旨とし詞を花香あるやうに使ひしなり」と、そのかかり・姿を高く評価する。「連歌はかかり姿を第一とすべし。いかに珍しきことも姿かかりわろくなりぬれば更に面白くも覚えず」（『連歌十様』）と、日本美の伝統を〝姿〟・〝かかり〟と重ね合わせる。そこでは「ささめきたる」「花々とする体」は「簡素であるべきなり」とされる。これは世阿弥が「聞きどころ多き有文音感」や「ただ美しくたぶやかに聞ゆる風体」で「音声の面白さばかりにて、よくよく聞きつくすところの感のさほどなからん」声聞より、「無文とは聞きて音感いやたけて、しかも面白さつきせぬ無文音感」を「上果妙声の位」として第一としたのと同じである。これらは「非平衡複雑系」の〈らしく〉〈たおやか〉な自己が生成される「自己組織化過程」そのものと言える。

④〝しらべ〟〝ひびき〟―― 生活文化の相互醸成

「文化」の担い手はいつも調和的響応の世界を〈ありのまま〉〈たおやか〉に生きようとする。中世における商品経済の発展を担った「百姓」たちの心性を支えていたのも、無自覚的ではあっても〈ありのまま〉なる〈たおやか〉なその時代精神であった。日本「文化」の古層には「宇宙摂理」のハタラキに即した自然発生的な多様性がある。それを担ってきたのはいつの時代も自分の生活だけは手放さなかった「百姓」たちであった。いま到来しつつあるのは、規範的統制の対極にある多様性に充ちた動的秩序の時代〈サテライト分散リゾーム状ネットワーク社会〉である。「固有名」を必要としない、しかし「大衆」へと拡散してしまうこともない無名の「百姓」「個」たちが歴史の表舞台で〈たおやか〉に〈ありのまま〉に主役を演じる時代である。こうしていまふたたび多彩多様なダイバーシティ「文化」の本流へと時代は大きく回帰しようとしている。その担い手となるのは「政」「官」「学」など既成〈規制〉の「界」ではない。「五穀豊穣」をもたらす「公共生活圏」にあって〈生活文化の相互醸成〉を担う「公共生活者」たちである。高齢者もその「公共生活圏」の重要な〈主要ではなくてもけっして軽視されてもならない〉構成メンバーであることを忘れてはならない。

高齢者も他からの奉仕・協力・支援なくしては「公共生活圏」を「公共生活者」として十全に生きていくことはできない。それには他者の心の動きに敏感に感応して〈たおやか〉に〈ありのまま〉に生きようとする「審美的価値審級」(「心情的価値審級」)が欠かせない。それは潤いある「生きるかたち」へと直に繋がる。そこには〝しらべ〟〝ひびき〟に表徴されるような「宇宙摂理」「宇宙生命」のハタラキとの共振・響応・融合がある。〈たおやか〉に〈ありのまま〉に生きることをあくまでも駆動原点におき、全体の秩序形成を視野に収め、そこに展開される不断の相互生成作用に「生きるかたち」の活性化原理を見ようとするわれわれの視点もそこに通じる。〈たおやか〉なる〝しらべ〟、〈ありのまま〉なる〝ひびき〟がその精髄である。

わが国の「中世」

古代律令制を支えてきた既成の価値観が動揺し、新しい「個」としての人間の生き方がさまざまに模索された時代が「中世」であった。親鸞が浄土信仰を打ち立て、日蓮が法華信仰を樹立し、道元が禅を確立したのはこの時代である。「親鸞は宇宙全体を弥陀の〈本願海〉と一切生命の〈無明海〉との交響とし、弥陀の誓願を罪悪深重の自己一人に送られたものとして自覚するように説いた。日蓮は人間の歴史を真の仏教者と謗法者との対立抗争の過程として捉え、自己一人を釈尊の「如来使」と自覚して穢土たる現実を仏国土に変革していくべきことを説いた。道元もまた実践的な仏法を求め、禅の実践的な裏付けによって伝統的な天台教学をよりダイナミックな形に再構成しようとした」（相良）。中でも道元は、人間的視座を相対化し一切の固定観念を振り払って、現実的事物の真の動的連関の姿を直視することを通して、眼前の真の個物（一法）と世界全体（万法）を一挙に窮めつくす。それは当然の帰結として認識する主体の構造の変革を迫る。道元にとって「心とは、そのつどそのつどの認識対象との動的交流の働き以外の何物でもない」ものとなる。抽象的な「心」一般などはどこにも存在しない。「言葉は自己と現象界との根源的なコミュニケーションを基盤としてはじめて成立するものである。現象界の内的構造がそれによって刻み出されていくのである。言葉の内に存在そのものが宿り、身体は自らを開いて存在の声を聞くのである」。空海の「真言」もそれである。つれて「人間存在の主体的意味づけも不断に更新」されていく。「そこから絶えざる自己超克が要求されることになる」。時間は永遠の〝いま〟となる。存在＝時間（有時）となる。瞬間々々の〝いま〟〝ここ〟に全時間は収斂する。その瞬間、すべては「光り輝く一果明珠」（道元）となる。そこでは「全身これ一隻の正法眼」、「全身これ真実体」、「全身これ一句」、「全身これ光明」、「全身これ全心」（以上、「　」は相良）

である。かくして日本歴史上はじめて〈たおやか〉にして〈ありのまま〉なる「個」が析出される。

「宇宙摂理」のなかの主体

道元はその辺の心象風景を舟の喩で次のように美しく描写する。「生といふは、たとへば、人のふねにのれるときのごとし。このふねは、われ帆をつかひ、われかぢをとれり、われさををさすといへども、ふねわれをのせて、ふねのほかにわれなし。われふねにのりて、このふねをもふねならしむ。……このゆへに、生はわが生ぜしむるなり、われをば生のわれならしむるなり。舟にのれるには、身心依正ともに舟の機関なり。尽大地・尽虚空、ともに舟の機関なり。生なるわれ、われなる生、それかくのごとし」（『全機』）。

多様性のなかの「個」

中世、特に室町時代、当時がどれほど多様性に充ちた時代であったかは「生活文化」の基盤である「村落」のあり様とそこでの「百姓」たちの生活様態に見ることができる。村落が形成されていくプロセス、その形態、内部構造、村落の聯合とその対立関係などは実にさまざまであってそこに共通の範型を求めることは困難である。また「百姓」たちの生活様態も多彩多様であって、その内実は商工業者、運送業（倉庫業）、山の民、川の民、海の民など多様な職業を含んでいて一概に百姓＝農民とは決めつけられない（網野善彦）。「百姓といふは、士農工商の四民、総ての名なり」（西川如見）。荘園領主、守護、名主などの支配者層、侍や僧侶、神人、寄人、芸能者などが「個」同士としてたがいに相互交流しながら豊かな生活文化の花を咲かせていったのである。生産関係、商品経済も多様である。水田とコメ経済による全国の画一的な支配統制、職業・身分の固定化による制度的支配などはいずれも近世以来の国家統治イデオロギーの然らしむるところにほかならない。もともとわが国は水田、畠作が併存する五穀豊穣の雑穀経済であり、文字通り「五穀既に成りて、百姓饒ひぬ（『日本書紀』）」の〈たおやか〉にして〈ありのまま〉なる国柄なのである（『ハタケと日本人：もう一つの農耕文化』木村茂光〈中公新書〉）。

「宇宙摂理」とのリズム響応

日本の詩歌は自然との感応を歌う。「花に鳴くうぐいす、水に住むかはづの声を聞けば、生きとし生けるもの、いづれか歌を詠まざりける。力をも入れずして、あめつちを動かし、目に見えぬ鬼神をもあはれと思はせ、男女のなかをもやはらげ、猛きもののふの心をなぐさむるは、歌なり」（『古今和歌集仮名序』）。「わづかに三十一字がうちにあめつちを動かす徳を具し、鬼神をなごむる術にては待れ」（鴨長明『無名抄』）。

五・七のリズムは宇宙リズムとの共鳴とされる。何よりも〝しらべ〟〝ひびき〟が大事なのである。「調べといふものを捨てて、歌はなきこと」（香川景樹『随所師説』）であり、宇宙の調べに感応すれば「人の心は必ず感く、うごけば忽ち言に発」（松田直兄）し、うたい出される。芭蕉も言う。「松の事は松に習へ、竹の事は竹に習へ。習へといふは、物に入ってその微のあらはれて情感ずるや句となるところなり」と。物の微にころが感ずればおのずから〝しらべ〟〝ひびき〟が生まれるのである。

「古の歌は調べを専らとせり。うたふものなればなり」（真渕）、「歌はことわるものにあらず、調ぶるものなり」（景樹）。そして、おのずからなる〝しらべ〟〝ひびき〟が詠い出されるのは真心によってである。「調べを歌に移さむとするに、一時に得るは誠なり、誠は真心なり」、「誠実よりなれる歌は、やがて天地の調にして、空ふく風の物につきて、その声をなすが如く、あたる物としてその調べを得ざることなし」（景樹）、したがってよく〝しらべ〟るためには、「歌にはまず心をよく澄ますは一の習ひにて待るなり」（定家）である。「句作りになるとするとあり。内をつねにつとめて物に応ずれば、その心の色、句となる。内をつねにつとめざるものは、ならざる故に私意にかけてするなり」（土芳）である。かくして歌はおのずから成るようにして為る。

演劇においても事情は同じである。「観者その意動かざるはこれ舞にあらず」、「舞は観者興に乗りて、我も舞ふ心地して、身体しづかならず覚ゆるほどにて舞ふべきなり」（狛朝葛『続教訓抄』）である。〝しらべ〟、〝にほひ〟、〝おもかげ〟、〝ひびき〟など響鳴力を重視する日本の文化的伝統がそこから改めて見直されていく。そこに求められるのは「つとめて、心をよく澄ます」工夫である。「散乱の心をやむること」（景樹『新学異見』）であり、心の動きを内に秘めて「審美的価値審級」「心情的価値審級」の〝ゼロ・ポイントの原点〟にわが身を持することである。そして、そこに響いている宇宙リズムと〈たおやか〉に〈ありのまま〉に共鳴・共振するのである。その「しらべ・にほひ・おもかげ・ひびき」との情感豊かな響応を〈たおやか〉に〈ありのまま〉に体現することである。

わが国の「文化的伝統」には矛盾するものの間で無限循環する〝ゆらぎ〟の「場」こそが最も審美的共感を呼ぶ豊穣の現場だとする考えが根底にある。「幽玄」の美意識の源境もそこである。そこには互いが霊妙な「宇宙摂理」のハタラキの化身たらんとする審美的・心情的共感がある。そこにも〝万能を一心につなぐ感力〟がある。わが国の生活文化の基層にはこのように〝しらべ〟〝ひびき〟の文化的伝統が一貫して息づいている。

以上「第四章」では「文化的伝統」の正統な後継者たるに相応しい「生きるかたち」の「あり様」を高齢者の立場に即して見てきた。そこにあって問われるのは「文化領域」全般に亙っての「相互開発（〝つくろわず〟〝はからわず〟）・相互活用（〝とどまらず〟〝とむる〟）・相互生成（〝つづけがら〟〝かかり〟）・相互醸成（〝しらべ〟〝ひびき〟）」の超時空的な相関生成である。その相関生成によって各人の「生きるかたち」は相互連接される。そこにおいて相互検証されるのはそれが「文化的伝統」に則っていてかつその正統な継承にどれほどの寄与・貢献をなし得ているかである。その歴史文化的な寄与・貢献の重層的生成に自身もいささかなりとも与り得ていると自己承認（他者承認も含めて）できたとき高齢者は自身が「宇宙摂理」のハタラキと共振・響応・融合し合う存在であることの「愉悦」を覚える。その「愉悦」体験があってこそ「文化的伝統」は生きて後生世代へと継承される。

そこでは周りにある生活文化要素のすべてをできるだけ活かし切ろうとする「審美的価値審級」（「心情的価値審級」）が働いている。それが「公共生活圏」を「公共生活者」として生きる高齢者の「生きるかたち」を支える精神的基盤となる。

こうして高齢者の「生きるかたち」が〈図4〉の座標系において各象限に配された「文化的伝統」の正統な継承にいささかなりとも与り得ていると自認できるとき、つまり、〈〝つくろわず〟〝はからわず〟——〝とどまらず〟〝とむる〟——〝つづけがら〟〝かかり〟——〝しらべ〟〝ひびき〟〉を重んじるわが国の「文化的伝統」の正統な継承者であることを高齢者が自己承認〈他者承認も含めて〉できるとき、高齢者はおのずから「ありのまま」に「らしく」、「やわらぎ」をもって「たおやか」に自然体でその「老後を生きる」ことができる。

なお、「愉悦」とは「宇宙摂理」のハタラキの発露としての「文化的伝統」に自身が時空を超えて繋がっていることの「感応的驚異」の体験である。その「驚異」が如実に体験されるのは就中「生・死」の際においてである。こうして「愉悦」体験は高齢者の視線をおのずと自己の内部へと向け変えさせる。次の「第三部」でその次第を見ていく。

第三部　「生きる証」

自己内面への視線転換によって高齢者の「生き方」「あり方」「生きる形」に「文化的伝統」の精髄がどう映発するかをこれまでになされてきた「文芸・芸能」面などでの様々な言説を参照しながらみてきた（「第四章」）。

　その視線転換は高齢者の「生きる形」をさらに人間存在の根源へと遡らせて「いのち」の修證へと繋ぐ（「第五章」）。「いのち」の「修證」とは、我が「いのち」を「ありのまま」に自己励起（賦活）させ、「らしく」自己調整し、「やわらぎ」をもって自己編緝し、「たおやか」に自己受容することである。

　その先にあるのはいわば「無底の底」である、そこにおいて高齢者は「死」と向き合うこととなる（「第六章」）。「死」とは何かという人間にとって根源的な問いへの直面、すなわち「死」の「修證」である。「死」の「修證」とは、わが「死」について、「ありのまま」に思い、「らしく」向き合い、「やわらぎ」をもって受け止め、「たおやか」に受け容れることである。「いのち」の修證には、自身が「宇宙摂理」「宇宙生命」の分有体として貴重な与命・与生を生かされているという実存的体験がある。「死」の修證には、われわれにとって「死」は「永遠回帰」する「宇宙摂理」「宇宙生命」のハタラキに同期する出来事の一環なのだとの先験的認識がある。その実存的体験と先験的認識とが一体となっての世界の根源把捉、それがすなわち「生きる証」に他ならない。

第五章 「いのち」の修證

人間は生涯に亘って〈「個」～「個人」〉間の矛盾葛藤を生きる存在である。一方には「個」として機能的役割を持って生きる「自己」がおり、他方には「個人」として人格的自律意識を持って生きる「自己」がいる。その両「自己」の間を調整しながら人は生きている。しかしこの〈「個」～「個人」〉間には乗り越え難い矛盾葛藤（パラドクス）がある。「個」はいわば「個人」のなかに住まわせた「他者」である。外在化された「他者」との間ならいかようにも調整可能であるが（妥協の余地が残されているが）、「自己」に内在化された「個」なる「他者」との間には永遠の自己調整プロセスがあるばかりで、そこに「和解」が成立するのは「死」の瞬間を措いてしかない。

しかし、人は少なくともその「和解」を視野に収めてわが「いのち」を「自己励起」「自己調整」「自己編緝」「自己受容」する。そこには自身が「宇宙摂理」「宇宙生命」の分有体として貴重な与命・与生を生かされているという実存的体験がある。すなわち、「いのち」の修證である。

〈「個」〜「個人」〉間の調整

一般的には次のように概観できる。一方には、秩序形成のための理性的な責任主体たる「個」、つまり、秩序のあり方について自分なりの理念をもち、その理念実現のために有効な所為は何かを客観的に思念し選択することのできる実際的な理性的精神の持ち主としての「個」（機能的役割存在としての「個」）がいる。他方には、無原則的な機会主義を排し常に自らが把持する実践倫理に基づいて判断し行動する主体的「個人」、つまり外的世界と内的世界の間で有機的な関係を自己生成せんとする能動的積極的態度をもって、他者と実践的対話を交えつつ社会形成に与ることのできる強靭な主体的精神の持ち主としての「個人」（人格的自律存在としての「個人」）がいる。この〈「個」〜「個人」〉間を調整する営為の中で「内面的な自立に立脚した社会的な主体」としての「自己」が生成される。（以上は『丸山真男とカール・レーヴィット』佐藤瑠威〈日本経済評論社〉を参照）。

「個人」にとって「個」はもともと「自己」内に住まわせた「他者」であるから即自的に〈「個」＝「個人」〉となることは原理的にあり得ない（「死」の瞬間を措いては）。

それでいて「主体としての私（「主対的自己」）と客体としての私（「客対的自己」）が同一であるという矛盾的自己同一こそが〈私〉の本質であり、この両者が同一の〈自我〉であるという体験の固有のパラドクスこそが自我体験の本質なのである」（ピーター・ストローソン）。そこには「相即的自己」と「相対的自己」との間の矛盾的自己同一というパラドクスも二重に内包されている。そこには〈絶対矛盾的自己同一存在〉（西田幾多郎）、〈即非即是的自己超越存在〉（鈴木大拙）へと開かれた「自己」が居る。いわば揺らぎつつ自己組織化する「場」にあって、自らも不断に揺らぎつづける「自己」がそれである。人間の〈個性〉とは各人各別のその揺らぎの様態のことだと言ってよい。それは「ありのまま」に「らしく」、「やわらぎ」をもって「たおやか」に生きる勁い「自己」である。けっして肩肘張った規範化された硬い（強ばった）〈自我〉ではない。そこに居るのは「訓練された自発性」「諦念を伴う積極性」の当体たる〈真我〉である（鈴木大拙）。つけ加えるなら、そこには「映ろい行くもののなかに一貫する情理」へと〝おもい〟を届かせようとする日本古来の〝もののあはれ〟を知る「こころ」がある。

高齢者は一線をリタイアしている分、働き世代の一般人にくらべ〈「個」～「個人」〉間の葛藤からは比較的自由のように見えるが、「公共生活圏」（「家族生活圏・地域生活圏・組織生活圏・仲間生活圏」）を「社会的公共財」として生きる「個」なる存在と、与命

＝与生をどう生きるかを模索しつづける「個人」なる存在との間に重い葛藤を抱えているという点では一般人と変わらない。

「いのち」の修證を支えるのは互いが解かれることのない矛盾葛藤〈パラドクス〉存在であることの相互承認である。現に人はみな〈かくある自己像〉～〈かくあるべき自己像〉の間で幾重にも矛盾やズレを感じながら生きている。「自己」なる存在の「生きるかたち」の描像はつねに揺らいでいるのである。「生きるかたち」とはこのように多重・多元的な造像過程にある形象〈イメージ〉なのである。高齢者に特有の〈生きる自己〉～〈死すべき自己〉の間の葛藤はいわばその〈矛盾やズレの〉端的な表徴である。その葛藤を何とか統握的に調整せねばならぬという無意識的緊張〈場合によっては強迫観念〉も高齢者の自己像形成に色濃く反映するはずである。そこに繰り返される形象〈イメージ〉の自己調整過程のなかで、高齢者は結局のところ「生きるとはどういうことか」～「自分とはどういう存在なのか」～「死とは何か」という根源的な問いに出会う。そこには定式的な答えはない。あるのは老後の「いのち」を生きるとはどういうことかについて繰り返される自問だけである。しかし高齢者は他者もまたその答えのない矛盾葛藤〈パラドクス〉に耐えて生きている存在であることを知っている。その共通認識を根底で支えるのが「霊性的自覚」「宗教的心性」の覚知・

〈図5〉

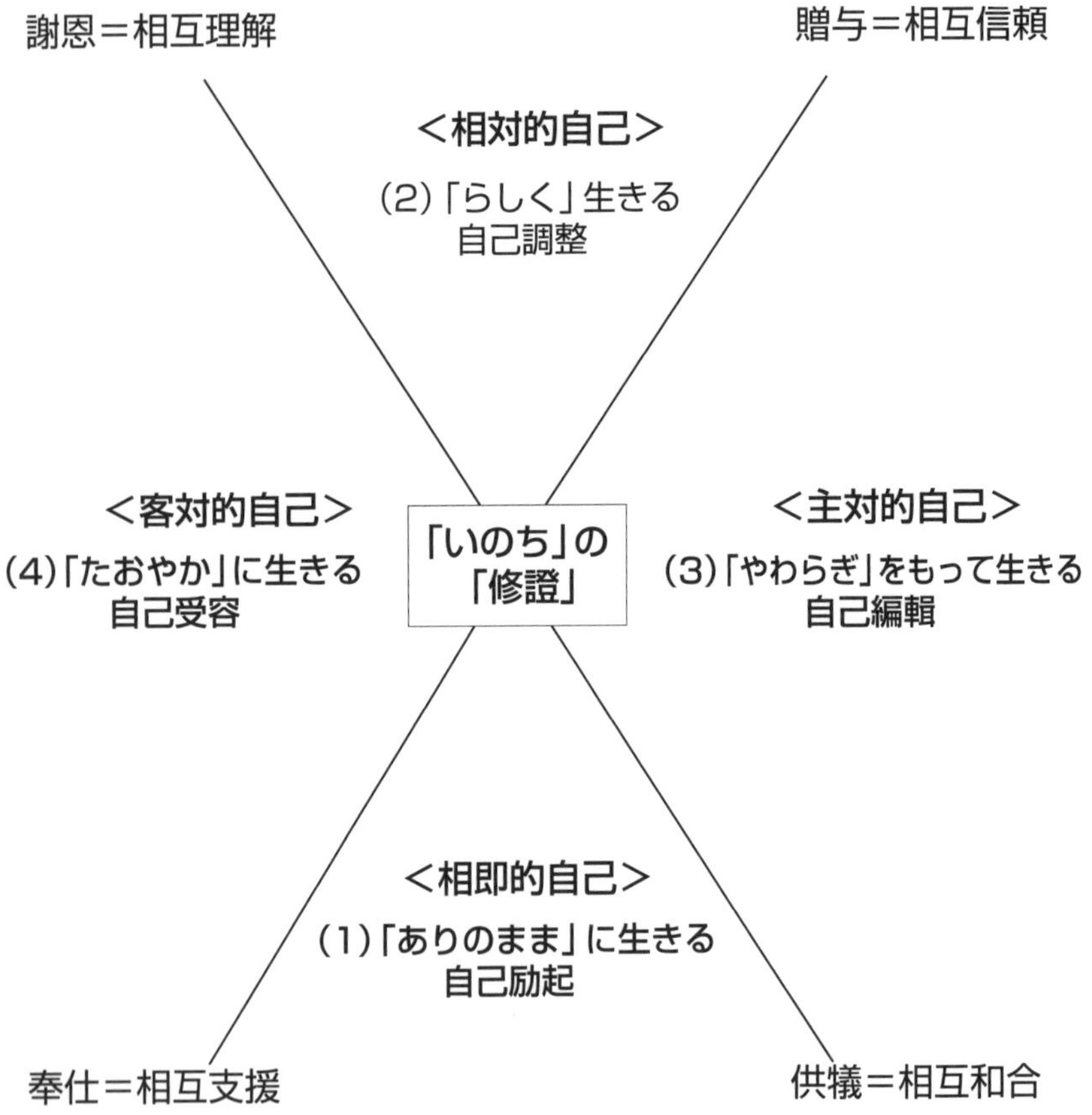
謝恩＝相互理解
贈与＝相互信頼
＜相対的自己＞
(2)「らしく」生きる
自己調整
＜客対的自己＞
(4)「たおやか」に生きる
自己受容
「いのち」の
「修證」
＜主対的自己＞
(3)「やわらぎ」をもって生きる
自己編輯
＜相即的自己＞
(1)「ありのまま」に生きる
自己励起
奉仕＝相互支援
供犠＝相互和合

覚醒による「宇宙摂理」「宇宙生命」のハタラキへの共属意識である。そこには逆の回路もある。つまり、「いのち」をどう修證するか、「死」をどう修證するかを通して高齢者は「宗教的心性」「霊性的直覚」の覚醒・覚知に至り、そこにおいて改めて互いが「宇宙摂理」「宇宙生命」によって生かされている存在同士であることを「洞察」し「覚信」する。

高齢者にできることと言えば、その基柢定点のない幾重にも輻輳する揺らぎの「場」に（すなわち無限循環する〈～〉の「場」に）、自ら揺らぎつつ、その緊張に耐えて、何とか柔軟にバランスよく生きていくことだけである。その「いのち」の修證の実存的体験の内実を高齢者に焦点化して以下で見ていく。図解すれば〈図5〉のようになる。

高齢者は状況に応じて自らの「自己像」（相即的自己・相対的自己・主対的自己・客対的自己の相関）を自己調整するなかでわが「いのち」を首尾一貫性をもってしかも柔軟性をもって生きようとする（〈図5〉の座標系原点）。そこは「有用性」「有効性」「効率性」などが支配的なノモス的体制下にありながら自身がコスモス的生成に何がしか関わって生きているとの実存的体験がある。問題は、その「修證」（実存的体験）の「場」にあって首尾一貫性と柔軟性とをどう把持するかである。「ありのまま」に「らしく」（首尾一貫性を以って）、「やわらぎ」をもって「たおやか」に（柔軟性を以って）生きるのはその「修證」の成果である。

（1）「ありのまま」—「いのち」の自己励起

人は「宇宙摂理」「宇宙生命」のハタラキという霊性的源泉から豊かな「いのち」を不断に備給されている。「宇宙摂理」「宇宙生命」はわれわれ自身がその内部に捲き込まれている（自己内在化している）だけにその〈立ち現れ〉を客観的に観察できる立場に身を置くことはできない。われわれにできるのは全身体的感覚を総動員してその〈立ち現れ〉に自らの「いのち」を「ありのまま」に即応せしめることだけである。その脈動・動的エネルギーとのリズム共振・響応・融合を体認し、それを通してそのプロセスに極微であれ何ほどか影響を及ぼし得る存在たるべきことを目指すのである。その共振・響応・融合体験（たとえ無意識的であっても）のなかから「いのち」が「ありのまま」に自己励起する。

つまり「いのち」の自己励起は「宇宙摂理」「宇宙生命」の〈立ち現れ〉と同時生起の同一事態なのである。そこには人為的操作が介入する余地は一切ない。われわれにできるのは「いのち」が自己励起するその「場」・「機会」に相即的自己として「ありのまま」に〈立ち合う〉ことだけである。「場」・「機会」それ自体が状況の関数であってみれば結局は「いのち」がどう自己励起するかは各人の〈状況への関わり方〉如何ということになる。それはあたかも即興劇の演出の如くである。シナリオのない即興劇の主役を「場」・「機会」に即して自在に演じることである。即興劇に筋書きはない。そこでは誰が主役かも予め決められていない。劇の進行とともに誰がどう状況を創出するか、主役は誰であるか（あるいは主役がどう入れ替わっていくか）がおのずから決まってくる。その舞台の相互演出のなかで「場」・「機会」の〈立ち現れ〉とともに相即的自己が自己励起するのである。

自己励起とは「ハタラキ」そのものが原因となって新しい「ハタラキ」を生み出していく生命的活性（「宇宙摂理」「宇宙生命」のハタラキ）そのものである。何かを目指して独我的に仕組まれた行為でもなければ、他から強制されてそうせざるを得ない他律的行動でもない。あくまでも「場」・「機会」から自生する心的プロセスであって、そこには期待や希求、願望や理想、内発する熱情もあるだろうが、同時に不確実性・予測不能性の受け容れがある。互いの「いのち」の「あり様」の相互承認・相互保証がそれを支える。

制度論的、機械論的、線形論的に設計された「場」・「機会」は儀礼的・形式的パターンへと硬直化し、そこからは熱情・勇気・寛容などの精神性は失われ、そこでは単に表面を繕うだけの場当たり的、ないしは計算合理的な手段・手法が横行するばかりとなる。相即的自己の自己励起とはそれとは対照的に「生命論的創発の原点」へと自身を主体性を以って「ありのまま」に自己投企することである。これは高齢者にとってむしろ親和性のある生き方と言ってよい。

(2)「らしく」―「いのち」の自己調整

高齢者の「いのち」の営みは状況に応じて各人それぞれに「らしく」自己調整される。そこにあるのは〈非平衡定常状態にある系が〝揺らぎ〟を通して自己組織化するプロセス〉である。〝揺らぎ〟とは「宇宙摂理」「宇宙生命」のハタラキとの共振・響応・融合である。硬直化した平衡状態では〝揺らぎ〟を生み出すことも外部から加えられる摂動を吸収することもできない。〝揺らぎ〟や摂動を自己調整して非平衡定常状態に自己を把持すべく自らの存在構造や行動パターンを自在に変容させていくなかで弾力性や可塑性をもった「いのち」が生成される。「修證」とは「いのち」がそのような柔軟性・構造安定性を獲得していくプロセスのことである。つまり、「修證」とは非平衡定常状態にあってつねに生成途上にある「自己秩序化プロセス」のことである。そのプロセスにおいてこそ可塑性・安定性を具えた真に勁い相対的自己が育つ。

つれて「いのち」自体も活性化プロセスへとおのずから「らしく」自己調整される。「いのち」は自らが生成する内部機序に自己拘束されながら自らの進路をつど自己選択していく。その自己調整のパターンがその人の「個性」である。「いのち」は環境条件からつねにさまざまな影響を受けるが、同じ環境条件の変化であってもときによって「いのち」がまったく違う適応をすることができるのはそれまでに辿ってきた経路によって「いのち」（「個性」）につねに新たな変容が生じているからである。すなわち「いのち」（「個性」）とは状況被拘束性のなかにあってそれ自身で〈プロセス進化していくプロセス〉なのである。その状況被拘束性と自己生成性とが綯い合わされた「いのち」（「個性」）を体現できるのは状況に即して柔軟に自己調整している相対的自己である。つまり、〈進化プロセス〉をよりいっそう状況適合的な状態へと「らしく」進化させていくことができるのはこの相対的自己による「いのち」の「修證」によってである。

問題は、そのような自己調整プロセスをどう生成するかである。そのポイントは、平素からどのような環境変化にも柔軟迅速かつ積極的に「らしく」適応していけるよう互いが相互保証し合うことである。それは権力志向の統制主義や野放図な自由放任主義などとは対極にある「あり方」である。求められるのは、「公」的な秩序と「共」的な創発との間の緊張に充ちた〈せめぎ合い〉のただなかに身を置いて（ということは〈「個」～「個人」統合人格〉として）互いがつねに「らしく」あることのできる自己調整存在同士であることである。それは化学反応における触媒のような機能を果たす。触媒因子は秩序形成の内発エネルギーが散逸したり逸脱することのないようそれを〝仕付ける〟ハタラキをしてそこに安定的な構造をもった「秩序場」が形成されるのを援ける。高齢者は〈「個」〜「個人」統合人格〉存在として「公」と「共」の間を調整する中間存在だという自覚がより強いという点でその触媒機能を担う（「修證」する）のに相応しい立場にいる。

(3)「やわらぎ」―「いのち」の自己編輯

「いのち」は「複雑適応系」である。「複雑適応系」とは互いに独立して動く個（部分）同士が与えられた環境条件のなかで互いに影響し合い拘束し合うなどの相互作用によって個々の振舞いの集合とは性質を異にする統合的振舞いをするようになり、その結果そこに一つの自律的秩序が自生する、そのような振舞特性をもった系のことである。「複雑適応系」では、局所的には論理計算的・計算合理的に事象を捉えたり解析したりそれをもとにあるていど将来予測を行ったりすることができるという線形性の側面も含まれるが、大局的には集合論的・確率論的な推論によってしか事象を捉えることができず、したがって「いのち」の「あり様」は主対的自己の自己編輯に委ねるしかないという非線形性にその特徴がある。

「いのち」の自己編輯にあっては、日常生活局面が線形的側面にフォーカスされがちなのにたいし、多様な要素が非線形的に相互作用し合う側面にフォーカスして、非線形相互作用のなかからあたかも〈化学反応〉のように「いのち」の振舞いが「やわらぎ」をもって生成される側面が重視される。しかし非線形過程の成り行きに身を委ねているばかりでは進むべき方向は見えてこない。そこには線形性への目配りも求められる。「複雑適応系」では線形経路と非線形経路とが重合的に絡み合いながら同時進行する。むしろその絡み合いから思いがけない展開がもたらされるところにこそその妙諦がある。線形的局面と非線形的局面の両面に通じていて、かつ決定的な場面において判断と行動を「やわらぎ」をもって自己編輯できる（そういう体験・知見を積み重ねてきた）高齢者はそれに適合的な位置についていると言ってよい。

自己編輯プロセス

「いのち」の自己編輯プロセスとは、さまざまな「行為・体験」を積み重ね、それを通して多様な「出来事・経験」が次々に生起し、そのなかで獲得された豊かな「知識・情報」が日常生活局面において自在に活かされ、その活用成果が周囲からの評価となって返され、そこにおのずから自他一致する形で「いのち」の諸相が「やわらぎ」をもって自律的に自己編輯されていく、そのプロセスのことである。そこにおいて大事なポイントは、自他互いが主対的自己同士として各種知識・情報をさまざまに編輯し合い、最も有効と思われる「場」・「機会」にそれを効果的に結びつけ合い、そこから新たな知を創発し合う〈知の媒介者〉〈知のエージェント〉たり得るかどうかである。多重・多様に編成されたリゾーム状ネットワーク上で（ということは「公共生活圏」という「場」において）互いが（「公共生活者」同士として）より高次の役割機能へ挑戦できるよう相互学習体制を組成していけるかどうかである。同時に自らが〈「個」～「個人」〉存在として開かれた〈知の創発主体〉であるかどうかについての自己反照的・相互反照的視点を見失わないことである。それによって、自分の行動が「いのち」の「あり様」にたいする攪乱要因となっていないかなどについてつど自己検証しながら、「やわらぎ」をもって世の複雑事象に対処していくことである。そこには「宇宙摂理」「宇宙生命」との共振・響応・融合がある。

（4）「たおやか」―「いのち」の自己受容

自己編輯プロセスとして集団的振舞いが調律されるなかで高齢者は自らの「いのち」の存在様態をそれぞれ「たおやか」に自己受容する。それによってそこはリズムとハーモニーに充ちた圏域へと生成される。その調律された圏域（調律統摂的秩序場）には「宇宙摂理」「宇宙生命」との共振・響応・融合によって醸し出される自由と平等の感覚がある。

その調律・統摂のバランスが崩れると、あるいはそのことについてのメンバー同士の自己受容・相互受容が不全となると「いのち」の「たおやか」なハタラキは期待できなくなる。言いかえれば、この自己生成機序（調律統摂的秩序場）において動的バランスをとる緊張のなかではじめて「たおやか」な「いのち」が修證される。

「いのち」の自己受容のポイントは何よりも互いが互いを客対的自己同士として「たおやか」に受け入れ合うことである。自己受容を他律的に操作（強要）することはもともと不可能なのだから、結局は互いが調律統摂的秩序場の創発主体、体現主体としてどのような役割を果たし得ているかについて互いが客対的に平等公平に評価し合うしかない。調律統摂的秩序場の摂動エネルギーを互いがどれだけ「たおやか」に賦活させ得ているかの定性的評価判断である。

こうして「たおやか」な「いのち」を互いが自己受容できれば（互いに評価納得できれば）硬直から遠く隔てられた非平衡定常状況下で、部分の揺らぎが全系の〈構造揺らぎ〉さらには〈環境揺らぎ〉へと共鳴的に波及していくことによって調律統摂的秩序場につねに新しく「いのち」が「創発」する機序を生成し合うことが可能になる。「創発」とは、部分の変化で全体の状態が変わり、全体の状態変化で部分の様態が変わり、部分の様態変化で全体の振舞いが変わる、その相互作用連関のなかで環境世界まで捲き込んだ全系的変化を引き起こすことである。その「創発」の担い手になり得るなら高齢者といえども（ある局面では高齢者だからこそ）広く「公共生活圏」の構造変革者としての役割を果たすことが可能になる。

高齢者はこうして「いのち」の「自己励起」「自己調整」プロセスにおいて「ありのまま」に「らしく」生き、「自己編輯」「自己受容」プロセスにおいて「やわらぎ」をもって「たおやか」に生きる。この「いのち」の「修證」への自己投企プロセスにおいて窮極的に目指されるのは他者一般（後生の来者たちすべてを含む）にたいする「利他共同体」（「第三章」「社会的公共財」への自己投企＝「信念的（人倫的）価値審級」に通じる）の生成である。他者の利益のためにいま自分が為し得ることは何かへの不断の問い直しである。そこにはいささかも強ばった自己拘束や他律的強制はない。相即的自己・相対的自己、主対的自己・客対的自己同士の実存的体験（「自己励起」「自己調整」「自己編輯」「自己受容」プロセス）の相互承認があるばかりである。高齢者はそこに「宇宙摂理」のハタラキと共振・響応・融合することの「悦楽」を覚える。

この「利他共同体」生成に与り得ることの「悦楽」体験のなかで高齢者は改めて「自己」なる存在の根源に向き合うこととなる。超越的視点（「宇宙摂理」「宇宙生命」のハタラキとともにある「自己」の視点）からする自己言及的自己反照である。すなわち人間存在の窮極的な問いである「死」にどう向き合って生きるかの自問である。そこには他者もまた同じ「問い」を生きる存在者同士であるとの共通認識がある。そこにおいて窮極的に目指されるのは「死」の修證である。目指されるのは、「常楽」の境位である。

第六章 「死」の修證

人の「死」をどう考えるか、「死」に向き合うとはどういうことか、「死」の修證とは何か、われわれ生者は自身の「死」を生きて実体験することはできないのであるから次のように考えるしかない。

〈私の「生」は、私という身体場における「宇宙摂理」「宇宙生命」の自己性起であり、その私が「宇宙摂理」「宇宙生命」の太源へと還帰するとき、それが私の「死」という出来事である。私の「いのち」は「宇宙摂理」「宇宙生命」の分有であり、「宇宙摂理」「宇宙生命」がたまたまこの世へと産ましめたものである。私の「いのち」はやがてふたたび「宇宙摂理」「宇宙生命」の〝いのち〟の太源へと還帰する。私が産まれ来たり帰り行くそこは久遠無窮・生成無尽の「永遠回帰」の超時空間である。私という存在の全域（「生・死」）は「宇宙摂理」「宇宙生命」のこの超時空のうちに抱握されている。そこは「無」、「冥」、あるいは端的に「黒闇」

と呼んでよい。この世にあるすべてはこの「無冥」「黒闇」のこの世への仮（化）現事象である。そのことを先験的認識を以って覚り知ること、それが「死」の「修證」にほかならない。そのとき人は自己の「死」をあたかも他者の「死」の如く客観的に内在超越的「視座」「視界」を以って眺めることができる。そこには他者（過去世・未来世のすべての他者たち）もまたその久遠無窮の回帰を生きる存在者同士との先験的認識がある。「死」の修證において目指されるのは自他ともに「宇宙摂理」「宇宙生命」のハタラキとともにあることの「共感共同体」（「第四章」…「文化的伝統」の継承＝「審美的（心情的）価値審級」に通じる）の生成である。〉

「共感共同体」の生成

人は誰しも意識するしないにかかわらず〈「死」～「生」〉という人間実存に関わる根源問題に直面しながら日々生きている。その点、高齢者は一般人に比べてより切実である。一方には「死」に近づいていく「自己」がおり、他方には生きている限りは社会と関わって「いま」を「生」きねばならぬ「自己」がいる。つまり、高齢者は「死」をいつも・すでに自己内部化しつつ「いま・ここ」の「生」を生きている。

この両「自己」の間を自己調整しながら生きるその先には「無底の底」が口を開け

ている。その奥底には「宇宙摂理」「宇宙生命」のハタラキの無限運動が渦巻いている。その「無底の底」を見据えること、それは「死」の視座を獲得し「死」の視界を把持することである。その視座・視界からすれば〈「死」～「生」〉間の矛盾葛藤を生きる現世はあたかも夢幻劇の舞台のごとく見えるだろう。そこでは、「自己」とは自分に振りつけられた役回り（劇）を演じる仮構的プロセス存在だと見なされる。ならば誰しも一度限りのその劇をより十全に演じ切ろうとするだろう。「死」の「修證」とはその十全なる舞台演出のことである。

劇にはその即興劇をともに演じる共演者がいる。しかもその「修證」（劇）は他者（観者）からの共感（了解）も得られねばならない。そこはともに「死」する者同士の「共感共同体」の舞台である。「死」は一切の言説（言表）を受けつけない。あるのは「共感共同体」の生成のみである。

「永遠回帰」

「永遠回帰」の語用をここでは「宇宙摂理」「宇宙生命」との共振・響応・融合体験のこととして用いる。「宇宙摂理」「宇宙生命」とわが全人生とが一瞬にして一つになったような体験をすることを人は「一瞬時間が止まった」と表現するが、それは、始まりも終わりもない宇宙的永遠性が内在超越的（超自我的）に体認・体得される瞬間である。つまり、時間性・空間性を超えて存在し得るという体感・体験を瞬間的に味わうことである。言いかえれば、自らを超時空的存在（超自我的存在）として先験的に覚知することである。そこは「生・死」が「永遠回帰」する超縮訳的寸刻である。そこでは人は〈「死」〜「生」統合存在〉として〈〜〉の内在超越時空間を生きる存在となる。

このようにわれわれの「生」は「死」によって貫かれていること、すなわち、「永遠回帰」する「宇宙摂理」「宇宙生命」のハタラキとともにあることを全身体的に深く受け止めるとき、われわれの「いのち」の源泉は過去世からだけでなく未来世からも不断久遠に備給されつづけていることの想念へと「おもい」を届かせることができる。そこにはいささかも私意による操作的介入はない。「宇宙摂理」「宇宙生命」によって「摂取」されているという先験的認識（受動的念慮）があるのみである。

その次第を〈図5〉に倣って図式化して示せば〈図6〉のようになる。

本図は〈図1〉と重ね書きしてある。

〈図6〉

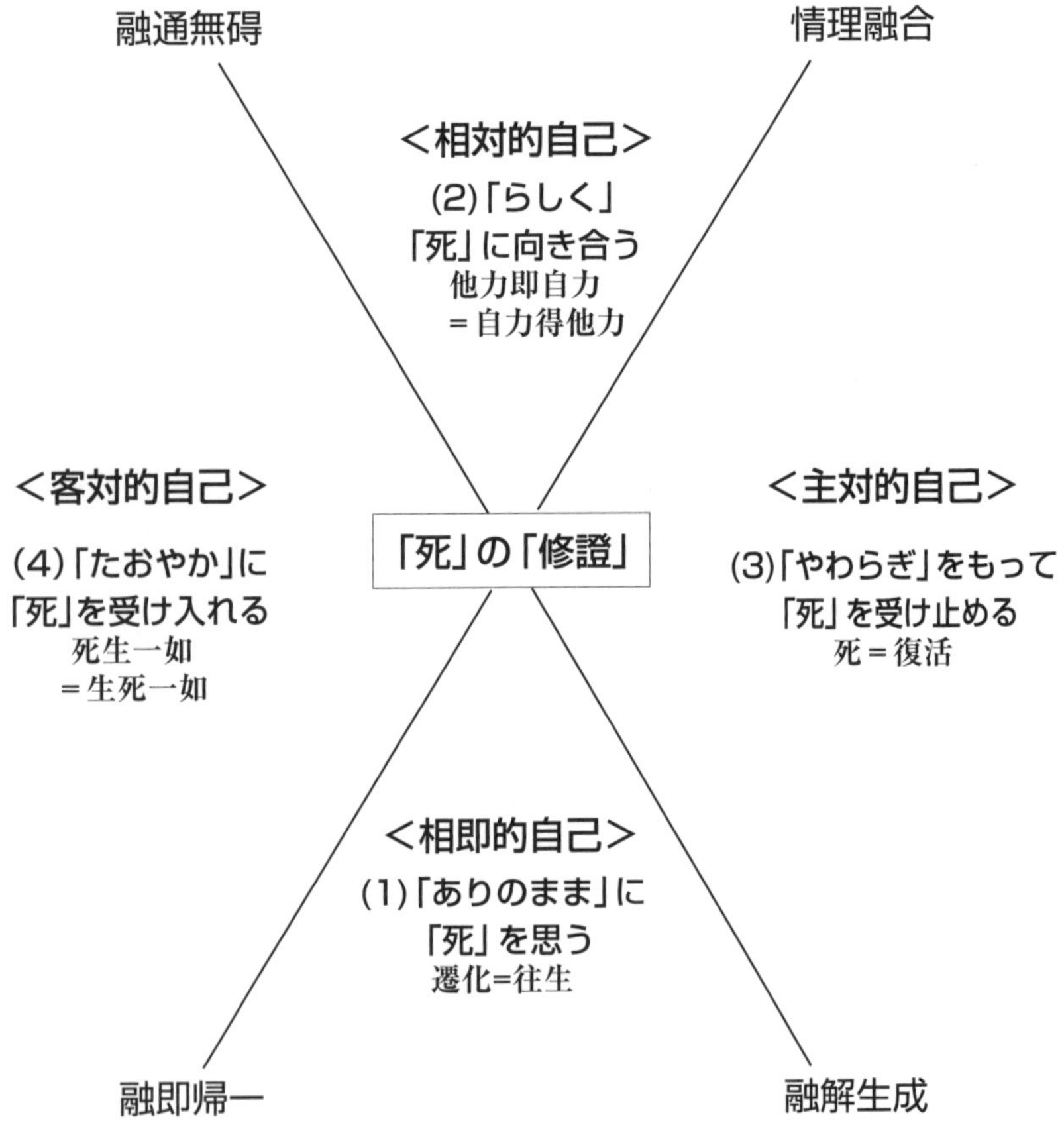
融通無碍
情理融合
<相対的自己>
(2)「らしく」
「死」に向き合う
他力即自力
＝自力得他力
<客対的自己>
(4)「たおやか」に
「死」を受け入れる
死生一如
＝生死一如
「死」の「修證」
<主対的自己>
(3)「やわらぎ」をもって
「死」を受け止める
死＝復活
<相即的自己>
(1)「ありのまま」に
「死」を思う
遷化=往生
融即帰一
融解生成

人は「霊性的直覚」「宗教的心性」によって、「宇宙摂理」「宇宙生命」のハタラキとともにあるとの共通理解をもとに、

（1）〈相即的自己〉において「ありのまま」に、「死」を思い、

（2）〈相対的自己〉において「らしく」、「死」に向き合い、

（3）〈主対的自己〉において「やわらぎ」をもって、「死」を受け止め、

（4）〈客対的自己〉において「たおやか」に、「死」を受け容れる。

すなわち、「死」の「修證」である。

先ず、〈相即的自己〉の次元において〈「ありのまま」に「死」を思う〉とはどういうことかから順に見ていく。高齢者を念頭に置きながら人一般に視野を広げて以下の記述を進める。

（1）「ありのまま」─「死」を思う

人間の住まう世界は三次元構造をなしている。深層に情念的な「暗黙次元」、最上層に日常の生活世界である「形式次元」、そしてその中間に知的営為に関わる「明示次元」、の三次

元である。どの次元にもつねに「死」の影が浸透あるいは揺曳している。そういう意味では人はいつも「死」を思いながら生きている。何かの瞬間につどそのことを「いのち」の先験的認識次元（「暗黙次元」「明示次元」「形式次元」の統合次元）において覚知する。

たとえば自分の分身とも言えるかけがえのない人の「死」と出会うとき、あるいは自分があと余命数か月と宣告されたときなど、そのような異常体験のとき人はその先験的認識次元を如実に覚知する。それは同時に自身の「いのち」の根源への立ち帰りという実存的体験でもある。問題はその〈先験的認識次元＝実存的体験次元〉の同時的覚知・体験にどう対処するかである。たとえば余命六カ月と告げられたとき、人は自分にこう言い聞かせるだろう。

〈たとえば仮に、死刑よりも苛酷な刑罰を審判者たる神が考えるとするならそれはどんな刑だろうか。それは多分、人をして永遠に死なしめないという刑であろう。最愛の者たちがみな自分に先立って死んでいく、親しかった者が目の前から次々にいなくなっていく、なのに自分だけは取り残されて無限の悲しみを生きつづけなければならぬ、やがて身を咬む苦痛に一睡もできなくなるだろう、すべての人に見放されそれでもなお生きていなければならぬ、それはまさに生きながらの無間地獄であろう。そうなれば人は誰しも一日も早いそこからの救出を冀うだろう。考えてみればこれは現にわれわれの身にすでに起きている現実である。人は長生きすればするほど、その苦艱の時間に長短の差はあれ、みなそのような悲しみや苦しみを生きねばならぬ。そうであるなら死は窮極の慰藉と言ってよい。自分に残された半年の余命は最終的な救済へと至るかけがえのない貴重な与命の時間である〉と。

そこでは〈あと六カ月余しか生きられない「余命」〉は〈あと半年の「いのち」を与えていただいた「与命」〉へと自己超脱的に転じられる。そうなれば、当人はその残された「与命・与生」を「宇宙摂理」「宇宙生命」のハタラキに即してより十全に生き切ろうとするだろう。要するに大切なのは、「死」を思いつつも、いまを生かされてあることの「不可思議」を相即的自己において「ありのまま」に「摂受」することである。日々の日常的営みの中でその「不可思議」を心に折り畳みながら、「与命・与生」の日々時々刻々を「宇宙摂理」「宇宙生命」への「遷化＝往生」として（ということは「永遠回帰」の寸刻として）生き切ることである。日本人は古来、先祖を祀ることを通して「死」と向き合ってきた。そこには単なる先祖祭祀の祭式を超えたもっと深い思いがあった。「宇宙摂理」「宇宙生命」によって過去に生かされいまも現に生かされ未来も生かされるであろう者との「絆」を再確認し合う「斎」の場なのだという「共感共同体」感覚（共通認識）である。「遷化＝往生」とはその「絆・斎」を再確認し合う〈先験的認識次元＝実存的体験次元〉の融即体験のことである。

われわれは普段は「死」から逃れようとしてそれに背を向けて（したがって「生」にたいして真に向き合うこともせず）生きている。求められるべきは「永遠回帰」する「宇宙摂理」「宇宙生命」に「摂受」される生き方、「宇宙摂理」「宇宙生命」のハタラキを「いのち」の次元で体認・体得・体現する生き方、すなわち、今日という日を「遷化＝往生」を「修證」するかけがえのない「与命・与生」のひと「とき」として「ありのまま」に「死」を思いつつ生きることである。それは「いのち」の自己励起に繋がる（「第五章」）。

〈先験的認識次元＝実存的体験次元〉の融即体験

「遷化＝往生」とは文字のごとく「宇宙摂理」「宇宙生命」へと「遷往」（還帰）しそこに「化生」（応現）することである。すなわち、「死」が「宇宙生命」「宇宙摂理」のハタラキと融即するのを体認・体得・体現する瞬間が「遷化＝往生」である。それはわれわれが日々時々刻々現に体認・体得・体現しつつある出来事である。

聖書によれば、十字架上でイエスは「わが神、わが神、どうして私を見棄てられたのですか」と言ったとされている。神の子イエスは極限状況にあって父なる神に「なぜ」を問うたのであろうか。神はそれ以上溯って問う必要のない、そもそも問いを超絶した先験的認識次元存在であるはずなのに。それとも、人はみな「死」（極限状況）に際会するとき神（仏）に呼びかけることを実存的体験次元の開示として、イエスは身を以って示したのであろうか。「何故わたしにだけこのような苛酷な試練（運命）をお与えになるのですか」「何故わたしをお選びになったのですか」、そして、その問いの行き着く先にはじめて「よろしい、来なさい」の絶対肯定の声を聞く。〈先験的認識次元＝実存的体験次元〉の融即体験である。絶対否定を経由しない絶対肯定はない。そこが「遷化＝往生」の「修證」の瞬間である。その瞬間に人は神仏と出会う。あるいは神仏にはじめから抱き取られている自分を見出す。「来なさい」という神仏の声を聞くとき「人の子」はそれにたいしはじめて「お召しください」と「ありのまま」に応答することができる。こうして人は翻然として信仰に目覚める、〈神はつねに・すでに私の内にある。「人の子」イエス・キリストはそれを私の「身代わりになって」教えてくれている。ならば迷いなく私もこのままイエスに随き従おう〉と。「身代わりになって」という意味は、他者（人間）の罪（債務）を贖うために、他者（人間）に成り代わって、自分の〝いのち〟を犠牲に供するというような理に落ちた話ではない。ニーチェがキリスト教を「奴隷宗教」と呼んで批判する所以もそこにある。イエスは誰かのための犠牲になったのではない。死ぬべく定められた人間は死の瞬間に必ず神を呼び求めるという真実を身を以って（身代わりになって）われわれに予示（予言）したのである。つまり、イエスは自らの死によって、つねに・すでにわれわれの死を予め引き受けてくれているのである。十字架上のイエスの物語はその「人の死」の象徴である。

ルカ福音書では十字架上のイエスの最後の言葉は「わたくしの霊をみ手に委ねます」となっている。ヨハネ福音書では「成就された」である。絶対否定即絶対肯定の同時的・一挙的成就がここにある。この否定即肯定の〈即非の論理〉はすべての宗教に共通する構造である。現代人が宗教心に乏しいとされるのは、われわれにそのような絶対否定即絶対肯定の〈即非即是〉体験が失われているからではないか、われわれの言葉に置き替えるなら、「宇宙摂理」「宇宙生命」のハタラキとともにあることの〈先験的認識次元＝実存的体験次元〉が見失われているからではないか、実際にはそういう窮極体験を現にしているにもかかわらず現代人は手軽に与えられる合理的説明によって簡単につねに・すでに「癒され」（＝撥無され）てしまっていないか、ギリギリのところまで自分を問い直す前に問題そのものを消去してしまっているのではないか、すべてをシステム化することで自分自身を日常性のレベルへと紛れ込ませてしまっていないか、向き合ってはいても人の〝死〟に狎れ切ってしまっていないか、いまや〝死〟すらが日常的出来事になり下がっているのではないか、……現代人が真に宗教に目覚めるにはふたたび〈先験的認識次元＝実存的体験次元〉の融即次元へと立ち帰る必要がある。「遷化＝往生」とは「与命・与生」を賭けて「宇宙摂理」「宇宙生命」の本源への「還往＝化生」を日々自身において「修證」することである。

(2)「らしく」―「死」に向き合う

「宇宙摂理」「宇宙生命」への「遷化＝往生」を呼びかけるもの、人はそれを「神の愛」「仏の慈悲」つまり「他力」廻向として受けとめる。そして、それに応答すべく人は「自力」廻向へと改めて向き合う。自己言及的自己反照による「死」への向き合いである。その「他力」「自力」の交錯する廻向の場において人は「宇宙摂理」「宇宙生命」の化身たるべく「慈悲愛憐の利他行」へとわが身を差し出す。すなわち「他力即自力＝自力即他力」の往相即還相を相対的自己において「らしく」生きる「共感共同体」の生成である。

われわれ凡人にそれは容易なことではないにしても、そうありたいと念いつつ自身の生きた行跡として、極微であれ何らかのかたちで後生世代にその証を繋いでいくことはできる。それは永遠なる存在者、〝愛〟と〝慈悲〟を以って自分たちに久遠の慰藉と絶対の救済を保証してくれる超越的存在者へと通じる回路となる。

法然は『選択集』で言う。「其れ速かに生死を離れんと欲せば、二種の勝法の中に、且らく聖道門を閣きて、選びて浄土門に入れ、浄土門に入らんと欲せば、正雑二行の中に、且らく諸の雑行を抛って、選びて応に正行に帰すべし。正行を修せんと欲せば、正助二業の中に、猶は助業を傍にして、選びて応に正定を専らにすべし。正定の業とは、即ち是れ仏名を称するなり。名を称すれば必ず生を得、仏の本願に依るが故なり」。

この「称名念仏」を説く短い文章のなかに「欲せば」「選びて」など「自力」の言葉が繰り返し登場する。そして最後に、それらはすべて「仏の本願」という「他力」によって「摂取」されると説く。自力のないところで他力は働かない、他力の働きなくしては自力の所業は正行に達し得ない。ここにあるのは〈自力か他力か〉という二者択一的裁断ではなく、その間を往還しながら正定の業を見定めていく「他力即自力＝自力即他力」の弁証法である。内面志向と実践志向との日常における不断の摺り合わせである。「他力即自力＝自力即他力」の境位を求めつづけるこの弁証法的立場はわれわれ衆庶・凡夫にとってはただ「らしく」あればよいという慰めとも励ましとなる。空海の「即身成仏」もそうであろう。「即身」は「他力即自力」、「成仏」は「自力即他力」と解することができる。道元の「即身是仏」「身心脱落」も同じである。

親鸞は法然を突き抜けて先へ行く。弥陀の本願他力を純化することによって一気に「悪人正機」にまで突き進む。「悪人正機」とは凡夫たる己の罪障深さを深く懺悔するなかでその苦海から脱するには仏の慈悲に縋るしかないことを深く覚り知ることである。そこには一遍もいるだろう。そこまでいけばもはや自力も他力もない。あるのはただ、「南無阿弥陀仏」の〈声〉ばかりとなる。そこに共通してあるのは往相即還相の衆生廻向の菩薩業である。それは〈すべての衆生を救いとらないかぎり、自らも成仏しない〉という弥陀十八本願の「修證成就」である。弥陀の救済（「他力廻向」）に与ることによって、自ら菩薩となって衆生救済（「自力廻向」）に身命を報じ尽くすのである。

われわれの言葉に置きかえれば、「他力」とは「宇宙摂理」「宇宙生命」との共振・響応・融合であり、「自力」とは覚悟を定めて「宇宙摂理」「宇宙生命」へと自身を差し出す所業である。こうして、「他力即自力＝自力即他力」が「修證」されたとき、すべてはまるごと「宇宙摂理」「宇宙生命」に、すなわち「神の愛」「仏の慈悲」に「摂取」される。そう得心できたとき、おそらく人は現実の諸困難に躊躇うことなく「らしく」立ち向かうことができる。それは「いのち」の自己調整に繋がる（「第五章」）。

(3)「やわらぎ」―「死」を受け止める

問題は「宇宙摂理」「宇宙生命」のハタラキに「摂持」されているわが「死」を主対的自

己として如何に「やわらぎ」をもって受け止めるかである。

『死の哲学』の中で田辺元は概略次のように言う。

「死者への思いや愛を大切に胸に収めて生きる生者は、死者の霊魂とともに実存協同の今を共に生きているのである。その時、死者は生者の中で「死復活」を行じているのである。言いかえれば、汝が死者をして汝のうちに「死復活」を行ぜしめているのである。かくして、汝もまた、死者とともに「死復活」を共に生きる者となる。それだけではない。その自他協同の「死復活」の中で、人は自らの有限性を深く自覚し懺悔して、自分もまた来るべき後生（来者）たちのために「死復活」の実存協同を生きるに値する者たるべく、目前の他者のために自己犠牲の施与を行うこととなる」。

これはわれわれの先祖たちが共有していた「死」の受け止めについての古代感覚に通じる。

柿本人麻呂歌集に、

〝恋するに　死にするものに　あらませば　わが身は千遍に死返らまし〟

という歌がある。これに註して吉村貞司氏は次のように云う。

「私たちは、〈死返る〉とは言わない。同じことながら〈生き返る〉と現在生きている生を中心とした表現をする。〈死返る〉は死の次元に重点をおく。……私たちが生き返ったとするのは、生命であり、肉体である。ところが人麻呂が言っているのは、死を原点とし、〈死返る〉ものは肉体でなく、霊魂であったから、千回も生死の間の往復が可能であった。つけ加えるならば、今日なお〈ヨミ返る〉という言葉が使われている。ヨミは死霊の国であり、冥界である。死はすなわちヨミであって見れば、…私たちには冥界としてのヨミを忘れてしまっているし、言葉のもっている〈ヨミ返る〉の意味が霊魂にかかわらず、自然主義的な生理主義によってうけとめられているにすぎない」。つまり、現代人は「霊魂の次元を根源的とし、肉体的生命を仮現とする世界観を失っている」のである。

〈死返る〉には「死へと化生する」霊性的体験がある。そこではすべてが〈死＝霊魂の根源次元〉へと返される。そのとき「生・死」は「永遠回帰」の一瞬へと縮訳される。そこでは現世の「恋」も「死」も永遠の「霊性」次元へと昇華する。

「死」の世界はわれわれの言表化を受けつけない「宇宙摂理」「宇宙生命」のハタラキの次元、われわれの「生」が依って来る先験的根源次元であり、われわれの「いのち」を生かしめている源境である。生きているわれわれにできることはその根源次元が響かせるリズムあるいはサインに感応してこれと全身体的に共振・響応・融合することだけである。人麻呂は超人的な才能でそれを歌にした。「人麻呂は個人をこえた何ものかである。民族の深層にかかわっているし、詩の本質がわずか地上に露出した一部、人間感情の歌い上げでもある」。「人間の生存する根源、原生命、原世界を歌っている。歌うだけでなく、原世界の体験、つまり原生命を生き」ている。われわれはその歌を読むことで「創造を再体験する。世界は生まれかわり、原始を新しく始める。原生命の体験であり、原存在の意味を明らかにする」。「仏教の生存・現世を仮象とした思想はかかる古代性に共通な性格をもつとはいえ、古代日本における仏教享受がさしたる障害をこうむらなかったのも、かかる共通性に支えられていたといえよう」。(以上「　」は『柿本人麻呂』:吉村貞司著〈理想社〉より)。

われわれはこのように永遠の相のもとで原生命体験として「死」を(したがって「生」をも)受け止めることができなくなっている。いまや「宇宙摂理」「宇宙生命」という原生命的次元からの声を聴き取ることができないでいる。「共感共同体」は見失われている。いわゆる「輪廻・転生」を信じようと言うのではない、わが身のうえにハタラキつづけている「宇宙摂理」「宇宙生命」の霊性的根源次元(「原生命」「原世界」)を見失ってはならないということである。人の「生」はその霊性的根源次元〈先験的認識次元=実存的体験次元〉の融即次元)である「死」によって貫通されている。人間すべてにとって最終の課題はその霊性的根源次元への還帰を、つまり「死=復活」を「いま・ここ」において行じることである。言いかえれば、「死」という人間存在の根源次元から「いま・ここ」の「生」の「あり様」を問いつづけることである。人麻呂のような古代人がもっていたであろうような霊性的直覚をもう一度取り戻さないかぎり、「共感共同体」を回復しないかぎり、人生それ自体から真実性・

根源性は失われ、この世の営みはすべて目先の表層事象に追い回されるだけの空疎なものになってしまう。そうなっては「宗教的心性」（「霊性的自覚」）はますます晦まされる。静かに耳をすませば、高齢者の心底には人麻呂的な古代心性の残響がかすかに聞こえるはずである。「死＝復活」への実存協同の呼びかけが聞こえるはずである。

人は日常にかまけて「死」はほとんど念頭にない（念慮から遠ざけている）。それでは〈生・死〉はわれわれ現代人にとっては根源的アンチノミーのままである。その二律背反に正面から「やわらぎ」をもって向き合うこと、われわれ人間にできることはそのアンチノミーを一身に引き受けて不断の「修證」に精進すること、すなわち「死＝復活」を行じることだけである（絶対矛盾的自己同一…西田）。要は、次のごとくである。

〈私の「いのち」は「宇宙摂理」「宇宙生命」が自らをこの世へと顕われせしめたものである。私の一生は「宇宙摂理」「宇宙生命」の見る束の間の夢である。「宇宙摂理」「宇宙生命」にとって私の「いのち」は私という身体場で「宇宙摂理」「宇宙生命」が演じる一場の夢中劇である。演じているのは私であり、私の父母およびそのまた父母さらに父母未生以前に繋がるすべての過去生（祖霊）たちであり、未来生を生きるすべての後生たちである、つまりは「宇宙摂理」「宇宙生命」それ自体である。夢の中身はどうか、劇の出来栄えはどうか、問題は自身が「宇宙摂理」「宇宙生命」の化身となって「やわらぎ」をもってそれをどう「修證」するかである。〉

それは「いのち」の自己編輯に繋がる（「第五章」）。

（4）「たおやか」―「死」を受け容れる

「死」と「生」は互いに同伴者としていっときといえども離れることはない。ともに「宇宙摂理」「宇宙生命」のハタラキ（「涅槃・菩提」の境位）の内にある。人の「生」は「宇宙摂理」「宇宙生命」がこの世に化現したいっときの仮象であり、「死」はその「宇宙摂理」「宇宙生命」への還帰である。「死」をそのように受け容れるとき、人はそこにおいて「死生一如＝生死一如」の境位へと達する。その境位にあって人は、化現・還帰をあたかも夢幻劇における舞台演出のごとく見て自らを「宇宙摂理」「宇宙生命」のハタラキとともにある者として客対的自己を演じ切ろうとする。そこではわが「生」は「宇宙摂理」「宇宙生命」が耀く一瞬の光芒そのものと化し、わが「死」はその光源への一瞬の還帰となる。すなわち「生・死」は「宇宙摂理」「宇宙生命」がわが身体のうえで見る一瞬の夢となる。そう覚り知ったとき、人は日々時々刻々を「宇宙摂理」「宇宙生命」の「化身」たるに相応しく「たおやか」に生きようとするだろう。「死生一如＝生死一如」すなわち「生死即涅槃」である。そこにおいて人は「菩薩行」者として「宇宙摂理」「宇宙生命」のハタラキへと「摂持」されてそれと一つになる。

われわれ各人の「生」は無窮の過去世から続いている、そして久遠の未来世へと続く「宇宙摂理」「宇宙生命」の「いま・ここ」における微分的分有である。各人の「死」は久遠無窮の「宇宙摂理」「宇宙生命」への積分的還元である。かくして「宇宙摂理」「宇宙生命」の〝いのち〟の永遠においてわれわれの「いのち」もまた永遠となる。そこでは、われわれ個々の「いのち」の営みは「宇宙摂理」「宇宙生命」の〝いのち〟を成就せしめる「修證」の事行にほかならないものとなる。

「死生一如＝生死一如」にあって人は「死」（＝「宇宙摂理」「宇宙生命」への還帰）を「生」のなかに織り込みながら、同時に「生」（＝「宇宙摂理」「宇宙生命」の往現）を「死」のなかに日々時々刻々と繰り込みながらその「往還」を生きる。その「還帰即往現」は「身心脱落」「即身是仏」（道元）、「無礙瑜伽」「即身成仏」（空海）の境地に通底する。因みに、「死へとつねに先駆ける生き方」（ハイデガー）、「あたかも今日が人生最後の日であるかのようにして今日を生きる生き方」（アウグスティヌス）もこの「死生一如＝生死一如」の相において捉えられるべきであろう。そこにあってすべては「超越次元」（＝「宇宙摂理」「宇宙生命」の還帰即往現のハタラキ）へと超脱される。「死生一如＝生死一如」とはその超脱をわが一身において「たおやか」に「摂持」することである。目指されるのは、無我の真理への参入であり、他我との神秘的合一である。「共感共同体」への参入である。

言いかえれば、この「超越次元」(=「宇宙摂理」「宇宙生命」の往相即還相的ハタラキ)への超脱(融即的一体化)、その霊性的「覚り」への「自己超脱」があればこそ高齢者は「死」を「たおやか」に受け容れ与命=与生を「永遠回帰」の「とき」として生きていくことができる。そこでは日々が自力廻向即他力廻向の「修證」そのものとなる。

鈴木大拙は『東洋的な見方』のなかで(禅宗、浄土真宗を念頭に置きつつ)この点について次のように言う。

「そのとき(人は)弥陀大悲の本願になる。それを修め・教え・習うとき(「修證」するとき)、本来の自由自在が会得される。そこから随所作主の行為が発動する。自・他一丸となってその本に還る。そして、そこから働き出るとき、大悲の中から湧き出る大方便、これを無功用の行為と名づける。無縁の慈悲である。弥陀本願である。老人の生活はこの無功用のところにあって欲しいと思う」。

ここにおいて、「生」が陥りがちな自我主義の悪循環は截ち切られ、自由自在な無功用の大方便、すなわち「宇宙摂理」「宇宙生命」のハタラキへと「摂取」される。それは「いのち」の自己受容に繋がる(「第五章」)。

「死」についての言説は、誰しも「死」の実体験はできないのであるから、所詮は「生」の側からの「言説」を超え出ることはできない。問題は、「生」の側からするその「言説」を「与命・与生」を賭けてどこまで自身が「修證」できるかである。

「死」の修證の根柢には「霊性的直覚」による「融即帰一」の先験的認識があり、「生」の修證の根柢には「宗教的心性」による「根源開示」の実存的体験がある。すなわち「死・生」の修證は〈先験的認識次元＝実存的体験次元〉の融即次元の開示である。そこにおいて目指されるのは「宇宙摂理」のハタラキとともにあることの「常楽」（涅槃の四徳＝常楽我浄……「常」＝永遠、「楽」＝安楽、「我」＝絶対、「浄」＝清浄の悟り、……「永遠安楽絶対清浄」）の境位である。すなわち融即的自己無化の「修證」である。生きている限り人は、その「常楽」へと至る「与命・与生」の日々を「遷化＝往生」（「常」）、「他力即自力＝自力即他力」（「楽」）、「死＝復活」（「我」）、「死生一如＝生死一如」（「浄」）を念って十全に生き切るしかない。「老後を生きる」ことの窮極はそのことの不断の「修證」にある。

《補遺》『地下水脈的な共同体を求めて』

鼎談者（当時）　上田閑照……京都大学名誉教授
中川秀恭……大妻学院理事長
花村邦昭……大妻学院理事

本稿は平成17年6月13日、（株）中外日報の主催で行われた三者鼎談における筆者自身の筆録メモである。なお、本鼎談は上田先生、中川先生の校閲・修文を経たうえで『現代における宗教者の役割』と題して「中外日報」紙上に平成17年9月3日、8日、10日、13日の4回にわたって掲載された。

―神秘的体験について―

花村　人工受精や妊娠中絶あるいは臓器移植の問題、地球温暖化や環境破壊の問題、さらには国際紛争問題など、二十一世紀が直面する課題の根底にはいずれも宗教の問題があると思われますが、われわれはその一方で日常ほとんど宗教を意識することなく生活しています。

人はみな遅かれ早かれいつかは必ず宗教に覚醒するはずですが、それには何か神秘体験のようなものがきっかけになるのではないかと思います。まず最初に、宗教哲学者として著名な両先生に、これまでに経験された神秘体験のようなものがあれば、それからお聞かせいただけますか。

上田　神秘体験というほどのものではありませんが、いまの私にとっても「意味のある経験」だったと言えるものはあります。

小学校のころ私は横浜の三渓園の近くに住んでおりました。当時は海がそこまで来ていました。いつもその海岸に行って、果てしなく広がる水平線の彼方を眺めては永遠ということを思い、打っては返す波に見入っては動いてやまない宇宙の摂理のようなものに思いを馳せる、というような少年時代を過ごしました。

また、小学校の3年から5年にかけて高野山で過ごしておりましたが、当時はいまと違ってほんとうに深山幽谷のなかにありました。高野へ行く途中の道のりも人気が少なく寂しいものでした。そのような高野山で、地元の猟師に連れられて一日中、熊野へと連なる幽邃な山中を案内してもらったことがあります。そのとき私は神秘的なまでの、山の深さ、大きさ、重なり、を身をもって体験しました。

子どもの頃に、このような「世界を超えたもの、限りないもの、奥深いもの」に接する体験をもてたのは、私にとって幸運でした。

中川　少年の頃、私は宗教的な雰囲気の濃い環境で育ちました。父の関係でキリスト教の日曜学校にも出席しておりましたし、お寺での法話を聞きに行ったり、八幡様の例祭に大人に混じって参列したりしておりました。いまでも神主の〈オ――〉という神様を呼び降ろす警ひつの声、奥殿の扉を開く〈ギ――〉という音に感じた神秘感を思い出します。

ある雨の降る日の昼下がり、わんぱく連中五・六人と神社の拝殿の縁側で面子をして遊んでいたときのことです。神社の裏は鬱蒼とした杉山、広い境内には樹齢800年と言われる杉の大木がありました。すると突然、奥殿の方から冷んやりした一陣の風がサァーと吹き出してきました。その「聖にして、恐るべき」気配に、わんぱく達はワァーッと叫んで一斉に、百段もあろうかと思われる石段を一気にかけおりて、ふもとの民家に逃げ込むということがありました。これが私が感じた最初の神秘体験です。

花村　両先生のお話をうかがっていて、感受性豊かな少年時代に海や山に恵まれた自然環境のなかで育つことが非常に重要のように思えます。論語に「知者は水を楽しみ、仁者は山を楽しむ」とありますが、海・山はわれわれの精神を育むうえで貴重な原初的体験なのですね。人工の世界に取り囲まれて、そのような体験をする機会がわれわれの周囲から失われつつあるのは問題ですね。

中川　わんぱく連の言い伝えでは、「夜、墓地へ行っても、神社へは行くな」ということでした。お墓はこの世の生活の延長にある人工の手の加わった日常空間ですが、神社はそれと違ってまったくの異次元世界の「聖なる空間」だったのです。子どもながらに人工空間と聖空間をはっきり分けていたのですね。

花村　先生は、仮に同じような状況に出会われれば、いまでも少年の頃に感じられたような神秘的な体験をなさると思われますか。

中川　その後、いろいろの知識を学んでその影響を受けておりますから、もはや少年の日のような霊性的感受性は失っているかもしれません。しかし、宗教的な学問をしたり、いろいろな経験を経て、「聖にして、犯し難いもの」への畏れの気持ちは私のなかでその後もだんだんと育まれていきました。

上田　少年の日になさった体験はいまも先生の原体験となって生きているのですね。少年時代のそのような霊性的体験はその後の人生に奥行きと幅を与えることになります。

花村　そういう意味では、張り巡らされた人工世界のなかで、〝いのち〟の成り立ちの不思議さや、その働きの神秘さを学ぶ機会が少なくなってきているのは問題ですね。

上田　子ども時代にどのような教育を受けたかが重要ですね。子どもにとっては難しいだろうなと思われるようなことでも子どもは意外によく理解するものです。また、子どもの頃には何のことかよく分からなかったことでも、あとになって「ああ、あのとき学んだのはこのことだったのか」と得心するようなこともよく起こり得ます。昔、子どもに四書五経など難しい文章を素読させたのもそういうことを慮ってのことだったでしょう。子どもたちが将来何か事に触れたとき意味を与えてくれるような言葉、行くべき方向を指し示してくれるような言葉に子ども時代にどれだけ多く出会えるかが大事です。小さいときにそういう言葉を豊富に与えられた子どもたちは、全体を感じることのできるセンスを身につけることができます。広い意味の情操教育、芸術・音楽・体操などの授業も、そのようなセンスを養うように配慮されるとよいと思います。

―科学する心と畏れの感覚について―

花村 いまの若者には、神秘的なものや不思議なものに素直に驚くということが少ない反面、意外に「霊」の存在などは信じている者が多い。

上田 「霊」というものに関心をもつということはすでに人間がおかしくなっている証拠です。直接に、触れたり、見たり、感じたりするようなモノとして「霊」を捉えるのは、どこか人間としておかしくなっているということだと思います。

「霊」と「霊性」は別です。「霊性」とは人間誰しもがもっている「聖なるもの」に触れて感じる「畏れ」の感覚であって、「霊」をモノとして感じるということとは次元を異にする、もっと普遍的な事柄です。「霊」をモノとして捉えてしまっては猟奇的興味や恐怖の対象とはなっても、それは畏れの感覚とは別ものです。

西田幾多郎（明治から昭和にかけての日本を代表する哲学者）は、金沢で海の近くに住んでいた頃いつも海を終日眺めては、限りないものが動いているその不思議を通して世界を考え、無限なるものに思いを凝らしておりました。「限りないものが地球に触れて息づいている」

ことに彼は率直に驚いていたのです。そのように、神秘的ともいえる不可思議にたいして畏敬の念をもつことが大切なのです。

花村　宇宙の奏でるリズムへの感応、それと共振することによって生かされているという感覚、それによって敬虔な気持ちになること、謙虚になること。科学する心にもそれが大事ですね。

上田　人間は畏れの感覚をなくしたら、「何しても構わない、できることは何でもする」ということになってしまいます。それはやがてカタストロフへと向かいます。その傾向はすでに出ています。人類何千年の歴史の結果がいま出て来つつあります。しかも加速度がついて来ています。

花村　環境倫理、生命倫理がいま問い直されているのもそういう時代背景からでしょうか。

中川　脳死と臓器移植の問題、妊娠中絶や代理出産の問題、あるいは地球温暖化による異常気象の問題、ニューヨークのレスター・ブラウンが『地球白書』のなかで警告を発している水飢饉の問題、灌漑のための地下水位低下による農地の砂漠化の問題など、すべては「人間としてどう生きるか」という根源的な問いに関わっています。

上田　科学者が、奥深い自然の摂理にたいし、あるいは霊妙な生命の働きについて畏敬の念をもっているかどうかです。科学が生活の糧になってしまっている人間が科学するようになったらお仕舞いです。科学者としてよりも人間としてのあり方の方がよりいっそう重要なのです。

私の経験したことですが、あるとき、著名な脳生理学者が「いずれ人間は140歳まで生きられるようになりますよ」と目を輝かせて語るのを聞いたとき、私はとっさに質問しました、「140歳まで生きて人間は何をするのですか」と。その脳生理学者はキョトンとしていました。「人間としてどう生きるか」などその先生は問題として考えてみたこともないのですね。とにかく生理的な寿命を伸ばすことだけが研究の目的になっている。実際に「生きる」とはどういうことか、たとえば、ごく具体的に人間140歳まで生きたとして老々介護の問題はどうするのか、などは想像したこともない。「人間らしい生き方とは何か」という根源的な問いは、はじめから視野の外に置かれています。

中川　私の師であるカール・レーヴィットがその著『世界と世界史』の中で、「歴史的事件としての世界ではなく、われわれに話しかけることのない世界、話しかけるにしてもコスモスの全体から、永遠の沈黙として語りかけてくる声、その自然を貫いている沈黙そのものの声にこそ耳を傾けよ。世にある饒舌はこの音のない声を中断するのみ」という趣旨のことを書いています。その沈黙の声に耳を傾けない人間は、科学者であれ何者であれ、いずれ必ず失敗するでしょう。

―人間の生き方について―

花村　結局のところ、人間の生き方の問題になりましょうか。

上田　生まれてからどういう世界で育つかに決定的に繋がっています。テレビの影響もありましょう、見るもの聞くものがまったく自然でなくなっています。ゲームの世界にのめり込んで周りが見えなくなってしまっている子どもたちもいます。あるとき新幹線のなかで京都から東京まで、ゲームにばかり夢中になってその間一度も頭を上げて外の景色を見ることもしなかった子どもとたまたま一緒になったことがあります。この子はいったいどうなるのだろうか、と心配になりました。ヴァーチャルな世界に閉じこもってしまって、リアルな世界との間を埋めようがないところまできている。これは一部の大学生にも見られる現象です。

中川　ヴァーチャル世界の住人はいつの間にか、何事であれ自分が自由に状況を操作できる王であるかのような錯覚をもつようになりましょう。そのようなヴァーチャル世界の偽王は、やがて現実世界に出ていって他者と濃密な人間的関係を結ばねばならなくなると、どう振舞ってよいか分からずに、場合によっては鬱病に陥ってしまうことにもなりかねません。子どものときからどうやって生々しい悦びや苦しみ、愉しみや哀しみ、つまり実際に「生きる」ことの体験をどう積み重ねさせるかに世の大人たちはもっと心を砕くべきです。昔はみなが自然にそれを考え、体得していました。

上田　新しく出発し直す必要があります。考えるべき方向ははっきりと見えているように思えます。現在の世界はこのままではすまない、しかし社会そのものが自然に変わるということはあり得ない、やがてカタストロフが来るのは間違いない、そこまで行かないと方向転換はできない。では私たちにいま何ができるか。私たちにできること、私たちがしなければならないこと、それは、そのカタストロフを極力小さなものにするよう一人ひとりが、それぞれの場所で、「人間はこうあるべきだ」と言い続けること、そして、生きていく実践のなかで各自がそれを身を以って示していくことです。それだけです。それは誰にでもできることです。

花村　一人ひとりが変わらねば世界は変わらない。それなのに、いままでは全体がまず先にあって、全体を変えれば自ずから部分や個も変わるという考えが主流でした。全体をその構成要素に分解していって、その一つ一つを吟味し直したり、その組み合わせをあれこれ操作すれば最適な全体をいつでも再構成することができるという要素還元主義・機械論的操作主義がそれです。しかしいまや、それは限界にきています。この傾動に歯止めをかけるには個と全体との間をどう調整するかへと発想を切り替える必要があります。現に企業経営の現場でもそれが切実な組織問題となっております。全体論理によって統べられた閉鎖系組織の腐敗現象はすでにあちこちで見られる通りです。

中川　一人ひとりが変わらねば全体は変わらない。また、そのような変革でなければ真の変革とは言えないというのは私も賛成です。しかし、それにはある種の覚悟を定めた生き方を必要とします。たとえば、車をいまのように毎年大量に作りつづけ、ガソリンをいま以上に使いつづけていけば将来どうなるか、その行き付く先は誰の目にも明らかです。そのとき、個人として車をできるだけ使わないようにするという選択を果たして何人の人ができましょうか。現状では個の力だけでは如何ともし難い部分がどうしても残ります。個の総意によってということではありますが、まず全体を変えていかねばという発想も一方では必要なのではないでしょうか。

上田　第二次世界大戦直後に鈴木大拙先生の書かれたもののなかに『魔王の宣言』という文章があります。自らが魔王の身になって人間世界を見るという趣向なのですが、そのなかに今日の世界を予言しているような箇所があります。それは原子爆弾の小型化に人類はうつつをぬかし、やがてそれに成功することで結局は世界が破滅する、こうして魔王の企みが成就するという悪魔的な話です。

問題はそのような破滅への道をどう防ぐかです。いずれにせよ大事なのは、「人間としてどうあるべきか」「人間としてどう生きるか」「人間であるとはどういうことか」から根源的に問い直すことです。

中川　いまは、イザヤやエレミヤのような予言者が待望される時代なのでしょう。ＮＰＯや

NGOのなかにそのような予言者的なオピニオンリーダーがいるかもしれません。それを全体の変革エネルギーへとどう育てていくかがわれわれ一人ひとりの使命なのではないでしょうか。

上田　個と個の響き合いから、部分と部分の共鳴・共振から、地下水脈的な共同体を自発的に成立させていくことが大事です。表面世界とこの地下水脈的な共同体とは極端な異質性をもっていますが、この間をどう繋いでいくか、これは先ほどの個と全体の間をどう調整していくかという問題とも関係してくる重要な問題です。

中川　自然法的な考え方はすでに破綻しています。自然的コスモスが人為的コスモスによって破られているのです。破れてしまった法体系にパッチを当てて何とか弥縫しているのが現状です。しかし、破れをもとへ戻すことは不可能です。下手に繕えば破れはますますひどくなるばかりです。新しい酒は新しい皮袋に容れなければなりません。

―死の問題とどう向き合うか―

花村　本日のテーマである「宗教」についてうかがいます。人間が宗教に覚醒するのは多くの場合、「死」の問題に直面したときではないかと思います。「脳死は人の死か」というような現実的な問題が提起されますと人はみな多少は真剣に「死」について考えるようになりますが、通常は努めてそれを意識の外に置いて、まともには向き合おうとしないで日常を生きています。しかし現実は生死一如であって、「人間としてどう生きるか」の問題は「人間としてどう死ぬか」という問題と不可分です。テーマとして大きすぎますが、「死」の問題にわれわれはどう取り組んだらよいのでしょうか。

上田　「脳死」の問題について言えば、人の死はもともと呼吸停止と心臓停止による全身体的な死のことでした。そして、そこには身心一如の考えがありました。それを身体と心をばらばらにして、すべてを部分的な局所の問題にしてしまったところに問題があります。昔から人間にとって「心」と「身」とは別のものではありませんでした。「どう生きるか」と「どう死ぬか」を一つの問題として生きてきました。心臓死か脳死かという局所をめぐる問題が死の問題ではありません。その根本のところを確りと押さえておかないと問題の本質を見失う惧れがあります。脳死をめぐって非人間的な現象も起こってきます。

花村　私は、臓器移植のドナーにしてもレシピエントにしても、その間に介在する医療関係者にしても、この問題にエコノミーが入ってくるところに問題を歪める原因があると思っています。

ドナーになる人はみながそうではないにしても、たとえば次のような考えによるのが多数のようです。万一自分が交通事故に遭って脳死状態になればどれほど医療費がかかるか分からない、一千万円も二千万円も残された家族に負担させるわけにはいかない。もし誰か他者を事故に巻き込んでいたら、その人への賠償も必要になってくるかもしれない。自分にはとてもそれだけの医療費や賠償金を負担するだけの経済力はない。ドナーになれば医療費は只になるということだし、それなら脳死判定にいろいろ問題があることは知ってはいるが、家族のことも思っていっそのことドナー登録をしておこう、というものです。これが悲しくも痛ましい現実です。お金をもっている人はこのような発想はしないでしょう。レシピエントにしても、たとえばアメリカで臓器移植を受けようとすれば優に八千万円から一億円はかかると言われています。これも異常な金額です。

これは本来エコノミーには最も馴染まないはずの〈人の〝いのち〟〉に関わる問題が完全にエコノミーに取り込まれてしまっているということです。これは先ほどの「霊」の話ではありませんが、人間がすでにおかしくなっている証拠ではないでしょうか。私が申し上げたいことは、脳死や臓器移植に関わる当事者は、すべて「純粋奉仕」ないしは「純粋贈与」の原点に立ち帰るべきではないかということです。つまり、この問題に関する限り一切のエコノミーを排して、すべての当事者が無料・無報酬で、言うなれば純粋な「菩薩行」として、あるいは〝いのち〟の施与に関わる神の愛のワザ、ないしは仏の慈悲のワザとして取り組んでもらいたいということです。そうすれば、厳粛な「人の死」を、「脳死」とか「臓器移植」といった科学技術的言説のレベルから、真に根源的な「人間の生き方・死に方」という崇高な問題レベルへと持ち上げることができましょう。上田先生がおっしゃるような、覚醒した個人の集合体としての「地下水脈的な共同体」も、そのような場においてはじめて生き生きと立ち現れてくるのではないかと思います。


中川　私は「死とは何か」という根源的な問題についてもうすこし考えてみたいと思います。

　森鴎外は初期のある随筆のなかで、「死」とは端的に言ってその人が「居なくなること」だと書いています。その人の「居なくなった」空虚は何物によっても埋めることはできません。いつまでも空虚のままです。われわれ人間にできることと言えば、辛うじてその亡くなった人の想い出でその空虚に蓋をすることだけです。

　また、自分自身が死に直面するという極限的状況にあって、魂の崩壊を支えてくれるのは、ここに「苦しみを共にしてくれる人がいる」という人間的な支えです。信仰がある人なら「神様が取り成してくださる」という安心がその支えとなりましょう。この二つの支えは深いところで繋がっています。「苦しみを共にしてくれる人」の向こうに人は神の姿を見ることができるからです。

人間は所詮は欠如体でしかありません。しかし、その欠如体でしかないという自覚をもって、なおかつ意欲をもってその欠如体的存在を生き切ろうとするところから、絶望を超えて生きる勇気と慰めが、また愛の手を差し伸べてくださる神への信仰が生まれます。死ぬべく定められた欠如体としての人間が真の愛に覚醒するのは、まさに「死」においてなのです。

花村　その人が「居なくなる」ことの空虚は確かに何をもってしても埋めることはできないでしょう。それはすべてを呑み込んでしまうような真空・空洞・ブラックホールのようなものです。その空虚に耐えることができないため人はそれに意識的に蓋をしますが、無意識下では依然としてそこは開いたままですべてを呑み込んでいます。しかし、人はやがてその空洞が無限のエネルギーを引き出すことのできる、力の源泉ともなることに気づいていきます。空虚の思いが深ければ深いほど、そこへ多くの思いが引き込まれていけばいくほど、逆にそこから引き出されるエネルギーもまた大きい。そのエネルギーをバネにして人がふたたび立ちあがったとき、そうなったときはじめて人は「居なくなった」人といつまでも「共に在る」ことができるようになりましょう。癒されるとか、空しさの思いから快復するとかいうのはそういうことではないでしょうか。

中川　無意識の内ではそういうことが起こっているのかもしれませんね。

上田　西田幾多郎には、奥さんを亡くし、優秀で将来を期待されていた長男を亡くし、また娘さんを亡くすという不幸が次々に襲います。「思い出しては悲しむ」ことが彼にとってはむしろ生きる証のようにすらなります。そこから彼の哲学は深みを増していきます。「哲学の動機は人生の悲哀である」と西田は言っています。

西田哲学を徹底的に批判していた田辺元（西田の後任として京都大学で教鞭をとった哲学者）も、最晩年に奥さんを亡くしてから「死の哲学」を書き、「死んだ妻が私のなかに蘇って私を生かしている」とまで言うようになります。その頃から西田批判もぱたりと止めます。そして西田哲学に接近していきます。

夏目漱石も大量吐血で死にかけたとき、あとで手紙や日記で「三十分の死」という文章を書きますが、そのなかで「死は生より尊い」と語っています。そういうことがわかって生きるのがほんとうに生きることだと思うようになり、事実漱石の人間もすこし変わってきました。

親しい人が「居なくなる」ことの体験を通して、あるいは自分が「居なくなる」ような極限体験を通して、人はその生において大きな転回を遂げるというのは事実だと思います。「我」から離れることができるようになる「死」を内面化できるようになって、「生きること」に改めて覚醒し、「だから生きているいまが懐かしい、いまこそが大切である」とほんとうに思えるようになる。与謝野晶子もその心境を次のように詠っています。

〝いづくにか帰る日近きここちして　この世のものの懐かしき頃〟

中川　生きてあるいまを懐かしめ、遠い昔を懐かしく思い出すような気持ちで過ぎ行くいまを懐かしみつつ生きよ、ということですね。アウグスティヌスが言う「あたかも今日が人生最後の日であるかのようにして今日という一日を始めよ」ということにも通じます。

―宗教間の対話について―

花村　対談も終わりに近づいてきましたので、最後に諸宗教間の協働はあり得るかという問題についてお尋ねします。たとえば、キリスト教には神との一対一の契約思想があります。一方では罪を犯しそれを懺悔する人間がいて、他方ではその罪を懲罰しまた赦宥する神がいる、という二項関係がそこにはあります。しかし仏教にはそのような契約思想も二項関係もありません。あるのはあくまでも仏の慈悲の懐に抱き取られているという安心のみです。したがって仏の前で懺悔し赦宥を乞うということは仏教にはないのではないかと思います。

しかし、仏はすべてを見そなわすという信仰に根ざす「勧進・喜捨・布施」と、神の呼びかけに応えねばならぬというキリスト教の「召命」とは、日常的な実践の局面では互いに通じ合っています。他の宗教の間でも、立場や教義は異なっていても、こうして共通項を探していけば日常的実践の場において、互いが協働できる基盤を見つけることができるのではないかと思いますが、どんなものでしょうか。

上田　その点私も同じように考えています。ただ、仏教には仏の前で懺悔するということはないのではないかという点についてコメントしたいと思います。仏教にも懺悔文というのがあって、先ずそれを仏の前で唱えます、「我昔よりつくるところの諸悪業、……その一切を我、今、みな懺悔したてまつる」。そして、仏からいただいた〝いのち〟を十全に一切衆生のために尽くすことができるようにと発願しますが、その根底には罪悪深重の我についての懺悔があります。懺悔があって、発願があって戒があります。この全体が救いに含まれています。仏教にもこのように絶対否定を経ての絶対肯定という論理が組み込まれています。否定を経ない肯定はないという点で、仏教も他のすべての宗教と同じです。もっとも、仏教にはまず救われてあるというあり方があって、だからこそ罪深き凡夫なる我を仏の前に全面的に帰投することができるという、逆転の論理も同時にありますが。

中川　鈴木大拙の「即非の論理」ですね。「般若即非般若」「非般若即非非般若」、どこまでも否定に否定を重ねていって、ついに絶対肯定に至る。行き着くところが「色即是空、空即是色」というわけですね。

上田　そうですね。論理の即非的無限転換です。矛盾するもの中間に不動の定点を定めて、そこに身を定位させようというのではなく、しかし矛盾するもの間で揺れ動くままに動かされもしないという生き方です。

次に、宗教間に協働の可能性があるかどうかという点についてですが、もしその可能性があるとするなら、それは「人間として生きるとはどういうことか」という共通の問いから始めて、その対話を通して互いの理解を深めていくという方途をとる外ないのではないでしょうか。

「我は我なり」と「我」に閉じるあり方からは対話は生まれません。「我は、我ならずして、我」という、否定を媒介にして「我」が開かれるというあり方でなくてはなりません。前者のように、我に閉ざされるあり方を私は「自我」と呼んでいます。「自我」は昂じてゆきます。「自我熱」を発するように。殊に集合的自我の自我熱は集団催眠的な原理主義へと暴走しかねません。「世界」を「我の世界」とする「我」は、「世界」をどこまでも「我」のために構成しようとして世界を奪い合います。そこに集合的自我の怖さがあります。後者の、「我」が開かれるあり方は、「自己」・「自覚」というあり方です。それは、「我ならざる」もの、「我より高く我を超え包む」もの、「我を支える確かで、深い」ものへの畏敬と感謝に充たされた主体的存在です。それがつまり、私の言う「地下水脈的な共同体」を構成する自己です。その開かれた「自己」同士の「自己否定を含んだ自己内対話」を経たうえでの宗教同士の相互対話、――極限的には沈黙を共にして（沈黙において触れ合って）の対話から、諸宗教間に協働の基盤が生まれることを私は期待しています。

中川　私は諸宗教間の協働が可能かどうかは、問題の重大性と緊急性によると思います。「人間としてどう生きるか」という根源的かつ普遍的な問題は、宗教にとって教義そのものに関わってきます。教義が関わってくると対話は困難になります。対話が成立するのはあくまでも教義を同じくする同一教団内だけではないでしょうか。

結局のところ、宗教が教義の違いを超えて、人類の直面する重大にして緊急な事態に協働して対処するには、互いが「方法的無神論」の立場を取る外ないのではないかと思います。人類にとって避けることのできない重大・喫緊の問題が発生すれば、宗教は互いの教義に囚われてなどしていられません。それぞれが信ずる神を呼び込んでくるのではなく、つまりそれぞれの宗教的背景をいちおう横において、最も妥当と思われる手段・方略を具体的に見つけていくという現実的な態度を取る外ありません。その決定が神の御心に合致しているかどうかは神ならぬ人間の判断を超えています。あとは、神様にすべてをお任せするということです。

しかし、それだけではニヒリズムに陥ったり、確信犯的加担者になり下がることにもなりかねません。過去にそうなった歴史的事実も枚挙に遑がありません。そうならないためには、宗教者は自らの良心に悖ることなく、つまり覚悟を定めて自らの立場を選び取るという基本を見失うことなく、どこかに満足解は必ずあるはずだという信念もって、ただひたすら努力するしかありません。上田先生がおっしゃる「地下水脈的共同体」の主体的一員として、いわばその伏流水を一挙に奔流として地上に溢れさせるよう自ら打って出ることです。はじめは小さな声でしかなくても、それを輿論という大きな声へと響かせるよう一人ひとりが努力をすることです。そのための共鳴盤の役割を果たすのが問題解決の具体的方策についての話し合いです。共鳴盤つまり話し合いがなければそもそも声は響きません。そういう意味で、たとえどんなに困難な状況に置かれようとも、われわれはけっして話し合いを諦めてはなりません。

「中外日報」紙への掲載に先立って（平成17年6月21日）、筆者から上田閑照先生に差し上げた書簡を以下に搭載させていただく。いまは両先生とも故人となられた。この鼎談がなければおそらく本書は書かれなかった。本書が「地下水脈的な共同体」の形成にせめて一伏流水の役割でも果たし得るなら幸いである。

〈拝啓　梅雨の晴れ間、新緑が陽光に映えて鮮やかですが、先生にはますますご健勝のこととお慶び申し上げます。

先日は、ご多忙のなか、またお疲れのところ、長時間に亘って親しくご懇談をいただき、誠にありがとうございました。お蔭様で、深い感激とともに充実した一時を過ごさせていただきました。先生の人を魅き付けてやまないお人柄につい甘えて、私は勝手な物言いばかりしていたのではないかと、いまになって深く恥じ入っております。

先生方のご高邁な論議には私の拙い理解力では充分にフォローできなかった面もありますが、私の〈心覚え〉用として当日のメモをもとに、別添のような「対談記録」を作成させていただきました。私の勝手な思い込みで間違っている点、大事な論点で聞き洩らしている点、など多々あると存じます。特に、ハイデガーの〈存在と無と死〉の問題、仏教における〈懺悔〉の問題、については先生から折角原典を引用しながらのご懇篤なご説明を頂戴していながら、私の能力不足で残念ながらメモを取ることができませんでした。誠に申し訳なく存じております。

なお、中外日報では別途テープ起こしをして、正式の「対談記録」を作り、両先生のご了解をいただいたうえで、それを記事にすることと存じます。私のこのメモは、それとは別の、あくまでも私の〈心覚え〉でございますが、礼を欠くことのないよう、中外日報社にも参考のためにコピーは送らせていただく所存でおります。

先生からいただきました心暖まる随筆、『「楠の神様」と流れ星』感銘深く拝読させていただきました。〈わたしたちは大いなる宇宙生命の分与体として生かされている〉との予ねての私の思いは、先生がお持ちの自然感、宇宙感に通じているように思えて大変心強く、かつ嬉しく存じました。

これから梅雨も本格化、過ごしにくい日々が続くと思われますが、先生のますますのご健勝を祈念申し上げまして、先日の御礼のご挨拶に代えさせていただきます　敬具〉。

本書をお二人にご覧いただけないのが残念である。僭越ながら本書をお二人の御霊前に捧げさせていただく。

おわりに

これまでの記述を高齢者という立場を超えて一般人にも普遍化して各章ごとにまとめるなら次のようになる。一貫するのは「宇宙摂理」のハタラキである。

「第一章」……人はみな「宇宙摂理」のハタラキによってこの世に生かされている存在同士であることを「霊性的直覚」によって全身体レベルで体認し、それによってこの世にどう処するかの「視座」を「洞察力」も以って獲得する。

「第二章」……人はその「視座」を通して「宗教的心性」に覚醒し、それによって領域横断的な広い「視界」を獲得し、現実世界に主体的にどう立ち向かうかの「基本姿勢」を「覚信力」を以って自己確認する。「宇宙摂理」のハタラキの体得である。

「第三章」……人はその体認・体得を社会との関わりのなかで具体的にどう体現するかという問題に改めて想到する。高齢者には働き世代の一般人とはおのずから異なった生活態度（「生きるかたち」）がある。すなわち「社会的公共財」として認められるに相応しい「人財」たるべく、その通用性・適応性を身を以って示そうとする。それによって「宇宙摂理」のハタラキを体現できていると自認できるとき高齢者はそこに「自恃・自矜」とともに「満足」を覚える。「第四章」……その「満足」を通して高齢者（人一般も含めて）の領域横断的視界はさらに時空を超えて「文化的伝統」の源泉へ向けて拡張される。自身が「文化的伝統」の正統な継承者たり得ているかどうかの自己検証である。それが自己確認できたとき高齢者は自身が「宇宙摂理」のハタラキと共振・響応・融合する存在であることに「愉悦」を覚える。そこから視線は改めて自己内面へと向け変えられる。

「第五章」……自己内面への視線転換は高齢者をして「いのち」の「修證」という人間存在の根源へと遡及させる。その実存的体験を通して高齢者は他者（後世の来者すべてを含めて）との間で「利他共同体」を生成すべく自己投企する。高齢者はそこに「宇宙摂理」のハタラキに共振・響応・融合することの「悦楽」を覚える。

「第六章」……その先に広がるいわば「無底の底」において高齢者は「死」とどう向き合うかという人間にとって根源的な問いに直面する。すなわち「死」の「修證」である。そこには他者（過去世・未来世のすべての他者）もまたその久遠の無窮回帰を生きる存在者同士との先験的認識がある。「死」の修證において目指されるのは自他ともに「宇宙摂理」「宇宙生命」のハタラキとともにあることの「共感共同体」の生成、すなわち、「宇宙摂理」のハタラキによって「いま」を生かされてあることの「常楽」の境位への到達である。

人はこの一連の回路を通して人間の所行はすべて過・現・未の所生たちとともに霊性的次元において「摂持」されていることを「覚り」知る。これは高齢者の立場からすれば次のようにも言える。一方には「死」に近づいていく「個」なる「自己」がおり、他方には「生」きねばならぬ「個人」なる「自己」がいる。この〈「個」〜「個人」〉の間には収斂する一点へと閉じられることのない、あるべき境位を求めて無限往還する「自己」がいるのみである。この揺らぎつづける無限往還の窮極には〈「死」〜「生」〉の矛盾対立を包越した（すべてが無化され、空ぜられる）世界が拓かれる。そこまでは行けなくても高齢者はその「場」において「宇宙摂理」「宇宙生命」のハタラキと共振・響応・融合する〈無私の境位〉を垣間見ることはできる。そこにおいて、「死」は自己内在化されたもう一人の「自己」となる。そこでは、高齢者は「自己」＝「死」に正対して〈死する自己〉を一個の「実存的ファクター」として、〈生きる自己〉を「仮現的形象」として〈いまを生きる〉こととなる。つまり、「死」を「宇宙摂理」次元へと拡張させ、自らをして〈「宇宙摂理」「宇宙生命」のハタラキ〉の「化身」たらしめるのである。言うなれば、「死」を改めて自己内在化し、「死」をして「内在的自己超越」（「超越的自己内在」）と「化現」せしめるのである。以上の次第を集約すれば〈図7〉のようになる。

〈図7〉　「宇宙摂理」のハタラキの修證

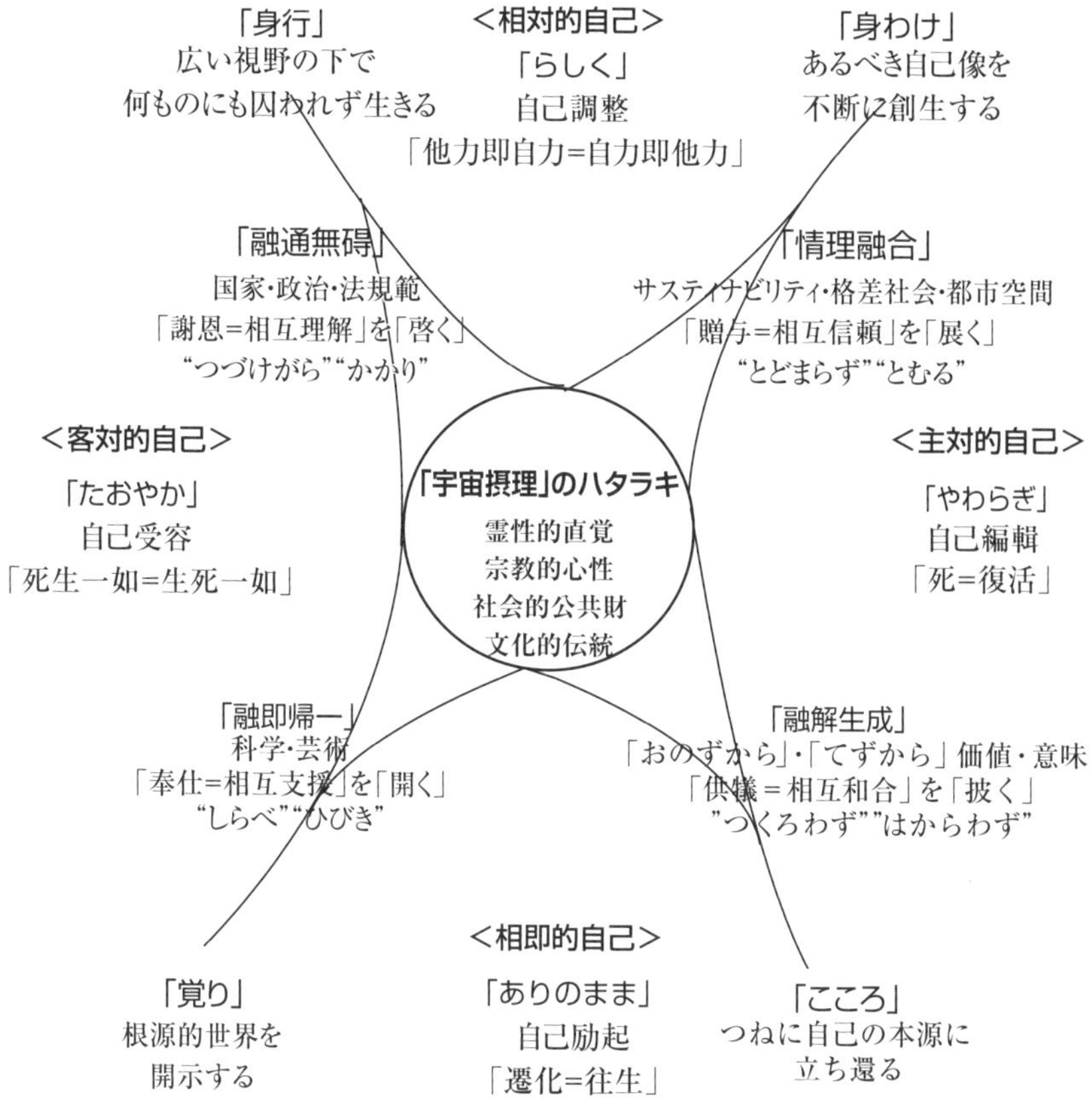
「身行」
広い視野の下で
何ものにも囚われず生きる
<相対的自己>
「らしく」
自己調整
「他力即自力=自力即他力」
「身わけ」
あるべき自己像を
不断に創生する
「融通無碍」
国家・政治・法規範
「謝恩=相互理解」を「啓く」
"つづけがら""かかり"
「情理融合」
サスティナビリティ・格差社会・都市空間
「贈与=相互信頼」を「展く」
"とどまらず""とむる"
<客対的自己>
「たおやか」
自己受容
「死生一如=生死一如」
「宇宙摂理」のハタラキ
霊性的直覚
宗教的心性
社会的公共財
文化的伝統
<主対的自己>
「やわらぎ」
自己編輯
「死=復活」
「融即帰一」
科学・芸術
「奉仕=相互支援」を「開く」
"しらべ""ひびき"
「融解生成」
「おのずから」・「てずから」価値・意味
「供犠=相互和合」を「抜く」
"つくろわず""はからわず"
<相即的自己>
「ありのまま」
自己励起
「遷化=往生」
「覚り」
根源的世界を
開示する
「こころ」
つねに自己の本源に
立ち還る

本図は〈図1〉〜〈図6〉を一覧的に総合したものである。
・人は〈相即的自己〉を「ありのまま」に「自己励起」させながら「遷化＝往生」を「修證」する。
・人は〈相対的自己〉を「らしく」「自己調整」しながら「他力即自力＝自力即他力」を「修證」する。
・人は〈主対的自己〉を「やわらぎ」をもって「自己編輯」しながら「死＝復活」を「修證」する。
・人は〈客対的自己〉を「たおやか」に「自己受容」しながら「死生一如＝生死一如」を「修證」する。

その「修證」のうえで人は「宇宙摂理」のハタラキを自覚的に生きる。
・「こころ」における「融解生成」を通して、「おのずから・てずから」「価値・意味」を紡ぎつつ、「供犠＝相互和合」の精神＝所業を「抜く」。〝つくろわず〟〝はからわず〟の「文化的伝統」がそこに生きる。要は、つねに自己の本源に立ち還ることである。
・「身わけ」において「情理融合」を通して、「サスティナビリティ」「格差社会」「都市空間」を生きつつ、「贈与＝相互信頼」の精神＝所業を「展く」。〝とどまらず〟〝とむる〟の「文化的伝統」がそこに生きる。要は、あるべき自己像を不断に創生することである。
・「身行」をもっての「融通無碍」を通して、「国家」・「政治」・「法規範」に向き合いつつ、「謝恩＝相互理解」の精神＝所業を「啓く」。〃つづけがら〃〃かかり〃の「文化的伝統」がそこに生きる。要は、広い視野の下で何ものにも囚われず生きることである。
・人は「覚り」による「融即帰一」を通して、「科学」「芸術」の根源開示を行いつつ、「奉仕＝相互支援」の精神＝所業を「開く」。〃しらべ〃〃ひびき〃の「文化的伝統」がそこに生きる。要は、根源的世界を開示することである。
これらの根底には「宇宙摂理」「宇宙生命」のハタラキが一貫している。

自らを「宇宙摂理」「宇宙生命」のハタラキの「化身」たらしめるとは〈図7〉の「曼荼羅図」を如何に「修證」するかに尽きる。要するに「老後を生きる」とは、この「曼荼羅図」を「やわらぎ」をもって「たおやか」に「ありのまま」に「らしく」生きることにほかならない。単に八方に気を遣いながら行い澄まして穏やかに老身を養うことではない。生きて行くうえで多少ちぐはぐなところがあろうとも、それらを何とか縒り合わせ、再構成しながら、自身を世間と並置的関係に置いて、つまり自己卑下することなく、尊大に構えることもなく、「融解生成」の境位において、可塑性のある「情理融合」「融通無碍」を以って、「融即帰一」を目指して生きることである。といっても、そこには往々にして不調・混乱がある。修復困難な不全感や自身でも赦宥不能な悔悟の念に苛まれることがあるのは誰しも避けがたい。それは高齢者にさまざまな精神的・情緒的不全感をもたらす。それが嵩じたとき高齢者に特有の神経症（〝痴呆〟や〝ひきこもり〟〝うつ〟なども含めて）が発症する。そこには、〈勁く生きる〉ことへと自身をムリに強いることがかえって自己拘束となり強迫観念となるということもあるかもしれない。それが補償されるのは「宇宙摂理」のハタラキに「惣摂」（まるごと「摂取」）された「自己」がそこに「ありのまま」に「らしく」、「やわらぎ」をもって「たおやか」に「披・展・啓・開」かれるときである。そこにおいて高齢者は改めて「宗教的心性」に覚醒し、「霊性的自覚」を覚知し、「往相廻向即還相廻向」を自分なりに「修證」する。そこではこれまでに払われてきた永年の生活体験・精神試練がすべて統握され、すべては「重々帝網」「事々無礙法界」のうちに包摂される。問題はそれを日常的実践においてどう具現化するかである（そこから本書の「第一章」にふたたび戻ることとなる）。大方の高齢者は現にみなそうやって往相即還相の「老後の日々」を生きている。その諦念・覚悟（自己言及的自己反照）を伴う「惣摂」「任持」の「生き方」は後生の来者にとってよき慰めとも励ましともなる。

「往相廻向即還相廻向」

「霊性的自覚」（「第一章」）、「宗教的心性」（「第二章」）、「社会的公共財」（「第三章」）「文化的伝統」（「第四章」）、「いのち」の修證（「第五章」）、「死」の修證（「第六章」）、そこには「往相即環相＝環相即往相」の双方向的営為を生きる人間実存の諸相がある。

一貫するのは「宇宙摂理」のハタラキの体認・体得、体現であり、「宇宙摂理」のハタラキと共振・饗応・融合する存在であることの「愉悦」、「宇宙摂理」のハタラキと共振・饗応・融合することの「悦楽」、「宇宙摂理」のハタラキと供にあることの「常楽」である。

〈図7〉「曼荼羅図」をバランスよく生きることはわが国伝統美の最高審級である「幽玄」を生きることに通じる。「融解生成」「情理融合」「融通無碍」「融即帰一」の「融」は「幽」に通じる。本書の趣旨に即して言えば、「幽」とはすべてに「宇宙摂理のハタラキ」を観ることであり、「玄」とはその「宇宙摂理のハタラキ」に自身を共振・響応・融合させる体験のことである。こうして森羅万象すべては「宇宙摂理のハタラキ」に包摂されているとの覚知に達したとき、高齢者は「らしく」「ありのまま」の姿で「やわらき」をもって「たおやか」に「老後を生きる」ことができる。「供犠・贈与・謝恩・奉仕」＝「相互和合・相互信頼・相互理解・相互支援」の精神＝所業がその内実をなす。こうしてすべてが「宇宙摂理」「宇宙生命」のハタラキへと「惣摂」されたとき「悦楽」は「常楽」となる。そこに「無常安楽」の世界が「披・展・啓・開」かれる。

あとがき

「老後を生きる」ことは人間存在の原点に立ち戻ることである。それは同時に、近代合理主義精神によって歪まされた人間文化をその生成原点へと回帰させることに繋がる。高齢者は身を以ってそれを修証する。

本書は、高齢化問題を世の通念のように消極的側面から見るのでなく、広く人間的視野のもとでその積極的側面に光を当て直して見ようという試みである。それはこれからの「文化資本主義」のもとで「社会的共通資本」の中核的担い手たるべき「公共生活者」として国民一人ひとりが自身の「生きるかたち」を「国のかたち」へとどう連接するかという全国民的課題に繋がる。この点については『国家公共という生き方』（三和書籍）ですでに書かせていただいたのでそちらを参照願いたい。

令和2年11月22日
亡母18回忌の日

80歳から「本」を書き始めて87歳の今日まで8年間、これで8冊目となる。「88歳だから書ける、88歳でなければ書けない」そういう「本」を書こうと思い立って1年、そして書き上げたのが本書である。

花村邦昭

《参考文献》

本文中に記載した諸著を含め次の諸著作も適宜に参照させていただいた。

「死生学　全五巻」島薗進、竹内整一、小佐野重利編集〈東京大学出版会〉
「日本の古典」第六巻　死ぬ」高田裕彦ほか編〈岩波書店〉
「霊性の哲学」若松英輔〈角川書店〉
「霊性の文学誌」鎌田東二〈作品社〉
「随想　西田哲学から精霊神学へ」小野寺功〈春風社〉
「地霊の復権」野本寛一〈岩波書店〉
「カミの現象学」梅原賢一郎〈角川書店〉
「天皇　霊性の時代」竹本忠雄〈海竜社〉
「グノーシス主義の思想」大田俊寛〈春秋社〉
「黙示録　イメージの源泉」岡田温司〈岩波書店〉
「反キリスト　黙示録の時代」E・ルナン〈人文書院〉
「死者と菩薩の倫理」末木文美士〈ぷねうま舎〉
「エチカ　上・下」スピノザ〈岩波文庫〉
「神学・政治論　上・下」スピノザ〈岩波文庫〉
「スピノザ　よく生きるための哲学」フレデリック・ルノアール〈ポプラ社〉

「〈公共宗教〉の光と影」津波寛文〈春秋社〉
「一歴史家の宗教観」アーノルド・トインビー〈社会思想研究会出版部〉
「公共圏に挑戦する宗教」ユーゲン・ハバーマス他〈岩波書店〉
「民主主義と宗教」マルセル・ゴーシェ〈(株)トランスビュー〉
「個体と主語　上・下」ピーター・ストローソン〈美鈴書房〉
「場所論としての宗教哲学」八木誠一〈法蔵館〉
「初期キリスト教の霊性」荒井献〈岩波書店〉
「華厳とは何か」竹村牧男〈春秋社〉
「現代　宗教意識論」大澤真幸〈弘文堂〉
「日本人の死生観を読む」島薗進〈朝日新聞出版〉
「日本精神史」阿満利麿〈筑摩書房〉
「聖徳太子　地球志向的観点から」中村元〈東京書籍〉
「空海　還源への歩み」高木訷元〈春秋社〉
「空海の思想」竹内信夫〈筑摩書房〉
「宮沢賢治　存在の祭りの中へ」見田宗介〈岩波書店〉
「宮沢賢治」千葉一幹〈ミネルヴァ書房〉

「老年哲学の進め」大橋健二〈花伝社〉
「公共哲学Ⅰ～Ⅴ」〈東京大学出版会〉
哲学10　社会／公共性の哲学〈岩波書店〉
「社会的共通資本」宇沢弘文〈岩波新書〉
「宇沢弘文の経済学」宇沢弘文〈日本経済新聞出版社〉
「ドゥルーズの哲学原理」国分功一郎〈岩波書店〉
「中動態の世界」国分功一郎〈医学書院〉
「心理学と錬金術　Ⅰ」C・G・ユング〈人文書院〉
「芸術と宗教」持田季未子〈岩波書店〉
「美的判断力考」持田季未子〈未知谷〉
「後藤純男の世界」「後藤純男画集」「後藤純男の全貌」「後藤純男展」などでの「解説文」〈後藤純男美術館〉等
「日本の文化構造」中西進〈人文書院〉
「日本思想史入門」相良亨〈ぺりかん社〉
「日本芸術論」安田章生〈東京創元社〉
「間の構造」奥野建男〈集英社〉
「日本人論」南博〈岩波書店〉

参考文献

「間の研究―日本人の美的表現」南博〈講談社〉

「日本文学の表現機構」〈岩波書店〉

「日本文芸史I～V」小西甚一〈講談社〉

「芸の思想・道の思想」〈岩波書店〉

「日本古典芸能論」〈平凡社〉

「日本の詩歌　その骨組みと素肌」大岡信〈講談社〉

「日本文学の歴史」ドナルド・キーン〈中央公論社〉

「美しい形の日本」田中英道〈ビジネス社〉

【著者プロフィール】

花村　邦昭（はなむら　くにあき）

1933年、福岡県生まれ。学校法人大妻学院 顧問。

東京大学経済学部卒業。（株）住友銀行（現三井住友銀行）専務取締役を経て、1991年、（株）日本総合研究所社長に就任。会長を経て現在同社特別顧問。

2007年、学校法人大妻学院常任理事を経て、2008年、理事長に就任、2016年、学長を兼任、2017年より現職。
・著書に『知の経営革命』（東洋経済新報社2000年、日本ナレッジマネジメント学会賞受賞）、『働く女性のための＜リーダーシップ＞講義』（三和書籍2013年）。『女性管理職のための＜リーダーシップ＞セミナー Q&A』（三和書籍2014年）。『女性が輝く時代　女性が「働く」とはどういうことか』（三和書籍2015年）。
・編書に『生命論パラダイムの時代』（ダイヤモンド社1997年、レグルス文庫1998年）。・電子出版として、『大妻コタカ　母の原像』
(http://www.ihcs.otsuma.ac.jp/ebook/book.php?id=49)

『大妻良馬の人と思想―忘私奉公の生涯』

(http://www.ihcs.otsuma.ac.jp/ebook/book.php?id=1)

老後を生きる
「いのち」の修證

2021年3月12日　第1版第1刷発行

著　者　　花村　邦昭

発行者　　高橋 考
発行所　　三和書籍

〒112-0013　東京都文京区音羽2-2-2
TEL 03-5395-4630　FAX 03-5395-4632
http://www.sanwa-co.com/
info@sanwa-co.com
印刷所　中央精版印刷株式会社

ISBN978-4-86251-419-6　C3010